Petições Iniciais em Direito de Família e Sucessões

Volume 1 - Alimentos e Oferta de Alimentos

Carlos Marcos Patrocinio Ribeiro

Copyright © 2019 Carlos Marcos Patrocinio Ribeiro

Todos os direitos reservados.

ISBN: 978-16-907-8516-3

DEDICATÓRIA

Dedico ao meu pai, por sempre incutir em mim o respeito à importância do saber, à minha mãe, pelo apoio sempre irrestrito e incondicional e a todos os colegas e amigos que, em qualquer grau, seja encorajando, seja apoiando, me deram forças para escrever e publicar esta obra. Em especial, destacaria Jeovanna e Fabrício, grandes incentivadores antes e durante o processo. A todos, meu muito obrigado.

CONTEÚDO

DEDICATÓRIA _____ *iii*

CONTEÚDO _____ *v*

AGRADECIMENTOS _____ *vii*

1 Notas introdutórias _____ 9

2 A petição inicial em geral _____ 11

3 A petição inicial de alimentos _____ 15
   3.1 Endereçamento _____ 17
   3.2 Cabeçalho _____ 19
   3.3 Pedidos liminares _____ 20
     a) Gratuidade da justiça _____ 20
     b) Alimentos provisórios _____ 22
     c) Expedição de ofícios à Receita Federal _____ 24
   3.4 Contexto fático _____ 26
   3.5 Fundamentos jurídicos _____ 31
   3.6 Pedidos _____ 35
   3.7 Valor da causa _____ 39
   3.8 Modelo completo _____ 41
   3.9 Modelo com subtítulos _____ 49

4 Outros casos e modelos _____ 59
   4.1 Esboço explicativo na estrutura tradicional (fato x direito x pedido) _____ 60
   4.2 Ação de alimentos movida por filho maior de idade matriculado em instituição de ensino superior em face da sua genitora _____ 63
   4.3 Ação de alimentos movida em face dos avós _____ 73
   4.4 Ação de alimentos movida em face do ex-cônjuge _____ 83

5 Ação de oferta de alimentos _____ 94
   5.1 Endereçamento e cabeçalho _____ 96
   5.2 Gratuidade da justiça e alimentos provisórios _____ 96
   5.3 Fatos e fundamentos jurídicos do pedido _____ 96
   5.4 Pedidos e valor da causa _____ 96
   5.5 Modelo _____ 97

SOBRE O AUTOR _____ *103*

AGRADECIMENTOS

Agradeço Jeovanna Malena e Belmiro Fernandes, que encorajaram e mostraram os caminhos para que publicasse esta obra.

1 NOTAS INTRODUTÓRIAS

Gostaria de antecipar que a presente obra é totalmente despretensiosa e apresenta um foco específico: enfrentar a prática do ato de peticionar. Despretensiosa na acepção mais simples da palavra, já que, aqui, não tenho a pretensão de fazer grandes enfrentamentos doutrinários, teóricos sobre a ação de alimentos, mas tão somente a partir de hipóteses práticas, desenvolver petições, trazendo um pouco da lógica que uso ao peticionar. Isso se reflete na ausência expressa de referências bibliográficas da obra, que se limitam a textos legais.

Além disso, não tenho a pretensão de ser o dono da verdade, de afirmar que estou apresentando um método único e infalível de peticionar, até porque isso não existe. Peticionar é algo muito particular. Cada advogado tem seu estilo, sua forma de enfrentar as informações prestadas por seu constituinte e de reduzir isto a termo, em petição. Fugir disso, para mim, tentando impor um método único e infalível, não é correto.

O que pretendo fazer aqui é desmistificar um pouco daquela insegurança natural ao começar a peticionar, algo apresentado por alunos e advogados recém-formados que, ao longo de seu curso de graduação, não tiveram oportunidade de desenvolver competências práticas. Peticionar é, ou deve ser, algo simples. Um exercício de lógica. Lógico que deve haver método, uma certa sistematização. Mas não um engessamento. E é algo que só se desenvolve fazendo, praticando.

Infelizmente, historicamente, mesmo que o Direito seja uma Ciência Social Aplicada, é muito comum que, ao estudar tanto as disciplinas clássicas de direito material como as de direito processual, haja um foco quase exclusivo na análise dos textos normativos e nas discussões doutrinárias sobre estes temas. Em outras palavras: é mais do que comum, quase uma regra, que em Direito Processual Civil, ao estudar as petições iniciais, não seja desenvolvida uma petição inicial, limitando o estudo aos dispositivos legais sobre o tema, assim como às digressões doutrinárias respectivas. Isso vale para o estudo das contestações, recursos, etc.

Quase que invariavelmente os alunos só terão contato efetivo com uma petição *de verdade* ao chegar no estágio supervisionado ou, se tiverem o tempo e a possibilidade de realizar um estágio em paralelo ao curso, neste momento. A questão é que, pelos mais variados motivos, este período restrito do estágio supervisionado pode não ser suficiente para incutir nos alunos e estagiários a base para este importante múnus profissional que é peticionar.

O objetivo aqui é buscar essa aproximação entre teoria e prática, quebrar esse temor, mostrando que a petição inicial não é um bicho de sete cabeças. Tentarei fazer isso por etapas.

Num primeiro momento, trarei os aspectos gerais de uma petição inicial, apresentando as disposições processuais básicas sobre o tema, que servirão como um verdadeiro guia para esta obra e materializando o disposto na lei numa estrutura, num esqueleto de uma petição inicial, para que vocês comecem a ver essa petição *emergindo* da lei, saindo da teoria e nascendo na prática.

Posteriormente, enquadrarei esse esquema geral no nosso objeto específico, que é a petição inicial de alimentos, montando o esqueleto da nossa peça, que reputo como a peça ideal para começar a peticionar. Isso porque não apresenta grande complexidade fática ou legal, além de encerrar uma série de possibilidades, de cenários distintos. Ao dominar as iniciais de alimentos, o estudante ou advogado estará pronto para fazer qualquer petição inicial.

A partir dessa estrutura básica, trarei um primeiro caso prático e elaboraremos praticamente à quatro mãos, passo a passo, nossa primeira petição inicial. Explicarei o porquê de cada ponto, darei dicas sobre o que acho importante ser trabalhado.

Neste primeiro momento, didaticamente, apresentarei um caso mais simples, para apresentar um método básico, uma lógica mais elementar. Ainda em cima deste primeiro caso, apresentarei uma segunda forma de estruturar a petição inicial, mostrando que, a partir de uma mesma situação, há várias possibilidades de reproduzir petições bastantes diferentes.

Posteriormente, trarei um esboço que sintetizará a lógica trabalhada até então, resumindo minha visão sobre a petição de alimentos. Depois desse momento, finalizarei com outros casos práticos, que encerram situações mais peculiares, baseadas em entendimentos jurisprudenciais, para tentar enriquecer a experiência de vocês, apresentando outros três modelos de iniciais de alimentos.

Espero que gostem.

2 A PETIÇÃO INICIAL EM GERAL

Como disse, penso que é importante desmistificar o preconceito em torno do ato de peticionar, existente principalmente entre os alunos que ainda não tiveram esta oportunidade e entre muitos advogados recém-formados, que pelos mais variados motivos, não apresentaram experiências práticas.

Costumo dizer sempre que peticionar é um *exercício de lógica* e, obviamente, de prática. Brinco que, com o tempo, principalmente advogados que atuam precipuamente no contencioso como eu, passamos a ver o mundo como uma petição. Se vamos escrever um e-mail, nos vemos *peticionando*. Um artigo para uma pós-graduação; *peticionando*. Um *post* em rede social: de novo, praticamente *peticionando*.

Lógico que é um excesso. Mas, de certa forma, tem seu grau de verdade.

Logo adiante, analisaremos o que o Código de Processo Civil (CPC) traz sobre as petições iniciais, mas já adianto um *spoiler*. Ou, em termos mais técnicos, adianto alguns dos aspectos que o texto legal traz.

Posso adiantar com segurança que toda lide se encaixa num desencadear lógico. Invariavelmente *uma (ou mais) parte(s)* apresentará(ão) para um advogado *fatos* que correspondem a um problema ou preocupação. Estes fatos serão lastreados em algumas *provas* e o advogado buscará *encaixá-los* numa ou mais *normas jurídicas*, podendo esta pretensão ser resistida (contenciosa) ou não (consensual ou sem parte contrária, como nos casos de jurisdição voluntaria). Este desencadear de fatos, provas e fundamentos jurídicos desaguará nos *pedidos*, terá seu *valor* indicado (se não houver conteúdo econômico, um valor será atribuído à causa para fins fiscais e de recolhimento de custas) e será *endereçado* para o juízo competente.

Este é o caminho, ou, usando um termo mais clássico, o *iter* que deverá sempre ser percorrido pelo advogado ao elaborar uma petição inicial, essa peça fundamental, que é o coração da ação, afinal, é a peça que começará a impor os limites da lide e indicará a pretensão autoral.

Como disse, o CPC traz, notadamente em seus artigos 319 e 320, os requisitos mínimos e essenciais da petição inicial, que, como poderemos depreender dos grifos abaixo, coincidirão com os aspectos que adiantei um pouco acima, também destacados:

> Art. 319. A petição inicial indicará:
> I - **o juízo** a que é dirigida;
> II - os nomes, os prenomes, o estado civil, a existência de união estável, a profissão, o número de inscrição no Cadastro de Pessoas Físicas ou no Cadastro Nacional da Pessoa Jurídica, o endereço eletrônico, o domicílio e a residência do **autor** e do **réu**;
> III - o **fato** e os **fundamentos jurídicos** do pedido;
> IV - o **pedido** com as suas especificações;
> V - o **valor da causa**;
> VI - as **provas** com que o autor pretende demonstrar a verdade dos fatos alegados;
> VII - a opção do autor pela realização ou não de audiência de conciliação ou de mediação.
> § 1º Caso não disponha das informações previstas no inciso II, poderá o autor, na petição inicial, requerer ao juiz diligências necessárias a sua obtenção.
> § 2º A petição inicial não será indeferida se, a despeito da falta de informações a que se refere o inciso II, for possível a citação do réu.
> § 3o A petição inicial não será indeferida pelo não atendimento ao disposto no inciso II deste artigo se a obtenção de tais informações tornar impossível ou excessivamente oneroso o acesso à justiça.
>
> Art. 320. A petição inicial será instruída com os documentos indispensáveis à propositura da ação.

Costumo tratar os dispositivos acima, notadamente o art. 319, como um verdadeiro roteiro para a elaboração da petição inicial, já que, ao trazer os elementos obrigatórios, indica os cuidados que devemos adotar ao confeccionar a peça.

Toda aquela lógica que trabalhei um pouco antes está presente neste *roteiro* que os referidos dispositivos, para mim, representam. Esquematizando-os, podemos chegar a estrutura básica, ao esqueleto de boa parte das petições iniciais, extraindo-os do texto legal e começando a moldar a formatação de uma petição inicial:

> Endereçamento (art. 319, inciso I, CPC)
>
> Cabeçalho, com indicação e qualificação completa de autor e réu, assim como da ação proposta. (art. 319, inciso II, CPC)
>
> Fatos (art. 319, inciso III, CPC)
>
> Fundamentos jurídicos (art. 319, inciso III, CPC)
>
> Pedidos (art. 319, inciso IV, CPC)
>
> Opção pela realização de audiência de conciliação ou mediação (art. 319, inciso VII, CPC)
>
> Indicação das provas a serem produzidas (art. 319, inciso VI, CPC)
>
> Valor da Causa (art. 319, inciso V, CPC)

    Vejam que a partir dos incisos III e IV do já citado artigo 319 do CPC podemos extrair a tradicional estrutura "*Fatos x Direitos x Pedidos*", comumente utilizada nas mais diversas ações.

    Estes, contudo, não são os únicos requisitos essenciais à propositura de uma ação, valendo destacar, de logo, a imposição trazida pelo artigo 82 do CPC, segundo o qual "*salvo as disposições concernentes à gratuidade da justiça, incumbe às partes prover as despesas dos atos que realizarem ou requererem no processo*". Portanto, para as hipóteses em que o seu constituinte busque os benefícios da *gratuidade da justiça* é imprescindível que, em caráter liminar, conste pleito neste sentido.

    Além disso, não é raro que a parte autora, sem audição da parte contrária, formule algum pedido reputado como urgente, um **pedido em caráter liminar**, com a antecipação de alguma tutela pretendida. Esta pode ser uma tutela de urgência (art. 300, CPC[1]), uma tutela de evidência (art. 311, II, III e IV CPC[2]), ou alguma tutela específica fundada em algum outro dispositivo

---

[1] Art. 300. A tutela de urgência será concedida quando houver elementos que evidenciem a probabilidade do direito e o perigo de dano ou o risco ao resultado útil do processo.

[2] Art. 311. A tutela da evidência será concedida, independentemente da demonstração de perigo de dano ou de risco ao resultado útil do processo, quando:
II - as alegações de fato puderem ser comprovadas apenas documentalmente e houver tese firmada em julgamento de casos repetitivos ou em súmula vinculante;
III - se tratar de pedido reipersecutório fundado em prova documental adequada do contrato de depósito, caso em que será decretada a ordem de entrega do objeto

legal (por exemplo, como veremos adiante, ao tratar especificamente da ação de alimentos, o art. 4º da Lei 5.478/1968 – Lei de Alimentos[3], que prevê a figura dos alimentos provisórios).

Assim, teríamos uma estrutura básica mais completa que poderia ser montada da seguinte forma:

Endereçamento (art. 319, inciso I, CPC)

Cabeçalho, com indicação e qualificação completa de autor e réu, assim como da ação proposta (art, 319, inciso II, CPC)

Gratuidade da justiça (art. 98, CPC)

Tutela de urgência (art. 300, CPC) / Tutela de Evidência (art. 311, CPC)

Fatos (art. 319, inciso III, CPC)

Fundamentos jurídicos (art. 319, inciso III, CPC)

Pedidos (art. 319, inciso IV, CPC)

Opção pela realização de audiência de conciliação ou mediação (art. 319, inciso VII, CPC)

Indicação das provas a serem produzidas (art. 319, inciso VI)

Valor da Causa (art. 319, inciso V)

Este é o ponto de partida básico para praticamente toda petição inicial, obviamente, guardando as especificidades de cada caso em especial. Não é diferente para o objeto desta obra prática, que visa tratar da petição inicial de alimentos. No capítulo seguinte, a partir desta estrutura geral, chegaremos à estrutura básica específica da ação de alimentos e passaremos a desenvolver nosso primeiro modelo.

---

custodiado, sob cominação de multa;
IV - a petição inicial for instruída com prova documental suficiente dos fatos constitutivos do direito do autor, a que o réu não oponha prova capaz de gerar dúvida razoável.
Parágrafo único. Nas hipóteses dos incisos II e III, o juiz poderá decidir liminarmente.
[3] Art. 4º Ao despachar o pedido, o juiz fixará desde logo alimentos provisórios a serem pagos pelo devedor, salvo se o credor expressamente declarar que deles não necessita.

3 A PETIÇÃO INICIAL DE ALIMENTOS

Vimos a estrutura básica e os elementos caros e indispensáveis às petições iniciais em geral, não sendo muito diferente com relação às ações de alimentos, com algumas observações e especificidades.

A primeira especificidade diz respeito à **gratuidade da justiça**, uma vez que a Lei de Alimentos traz regulação específica neste particular em seu art. 1º, §2º, segundo o qual "a parte que não estiver em condições de pagar as custas do processo, sem prejuízo do sustento próprio ou de sua família, gozará do benefício da gratuidade, por simples afirmativa dessas condições perante o juiz, sob pena de pagamento até o décuplo das custas judiciais".

É indispensável citar este artigo da Lei de Alimentos? Creio que não, até porque o CPC vigente, quando de sua promulgação e a partir de sua vigência, derrogou alguns dispositivos de natureza processual[4]. Contudo, como se trata de uma norma que trata a ação de alimentos de forma específica, e como não houve revogação expressa deste dispositivo, acho a menção importante.

A segunda, como já antecipamos, diz respeito à tutela de urgência, já que a Lei de Alimentos também prevê uma espécie de tutela de urgência específica para este tipo de ação, ao trazer a figura dos **alimentos provisórios**, em seu artigo 4º, segundo o qual "ao despachar o pedido, o juiz fixará desde logo alimentos provisórios a serem pagos pelo devedor, salvo se o credor expressamente declarar que deles não necessita".

---

[4] A Dra. Maria Berenice Dias, grande expoente quando se fala em Direito de Família, tem dois ótimos artigos (A Lei de Alimentos e o que sobrou dela com o novo CPC – Partes 1 e 2) que tratam sobre a relação entre CPC e Lei de Alimentos, disponíveis no portal Conjur. Como aprofundamento, recomendo a leitura.
Parte 1 disponível em <https://www.conjur.com.br/2016-set-18/processo-familiar-lei-alimentos-sobrou-dela-cpc-parte>.
Parte 2 disponível em <https://www.conjur.com.br/2016-out-02/processo-familiar-lei-alimentos-sobrou-dela-cpc-parte>

Ainda em sede de tutela liminar, como será trabalhado especificamente mais adiante, a mesma Lei de Alimentos traz o artigo 20, que autoriza a *expedição de ofício a órgãos públicos* para que tragam informações, por exemplo, sobre os rendimentos da parte contrária.

Por outro lado, como explicaremos adiante, por se tratar de uma ação de Família, regulada pelo Capítulo X do CPC, que acomoda o art. 694, impondo a busca pela "solução consensual da controvérsia", não entendo recomendável manter a opção pela não-realização de audiência de conciliação, conforme autoriza o art. 319, IV do CPC.

Assim, com relação à estrutura das petições em geral, há algumas pequenas diferenças de nomenclaturas e alguns itens específicos que devem ser adicionados e/ou excluídos, sendo certo que, com estas considerações em mente, podemos chegar à seguinte estrutura básica para uma ação de alimentos:

Endereçamento (art. 319, inciso I, CPC)

Cabeçalho, com indicação e qualificação completa de autor e réu, assim como da ação proposta. (art, 319, inciso II, CPC)

Gratuidade da justiça (arts. 98, CPC e 2º da Lei de Alimentos)

Alimentos provisórios (art. 4º da Lei de Alimentos)

Fatos (art. 319, inciso III, CPC)

Fundamentos jurídicos (art. 319, inciso III, CPC)

Pedidos (art. 319, inciso IV, CPC)

Indicação das provas a serem produzidas (art. 319, inciso VI, CPC)

Valor da Causa (art. 319, inciso V, CPC)

A Lei de Alimentos, o Código Civil e o CPC trazem alguns outros dispositivos, mandatórios ou não, que auxiliam e guiam o responsável pela petição inicial durante a sua confecção, mas a base legal que explica a estrutura da petição de alimentos pode ser montada na forma acima.

De qualquer modo, passaremos a elaborar uma petição inicial à quatro mãos e, para tanto, utilizarei o esquema acima como um guia nesta tarefa, explicando as particularidades de cada ponto e redigindo uma petição inicial a partir de um caso prático, que redundará num modelo prático.

Penso que, ao redigir passo a passo, enfrentando cada um dos pontos esquematizados, explicando a razão de ser daquele ponto, esmiuçando cada conteúdo, auxiliarei você a entender a lógica por trás da elaboração de uma petição inicial.

Uma vez apresentada a estrutura da petição de alimentos, arregacemos as mangas e vamos partir para sua confecção, ponto a ponto, de modo que apresento o caso prático que guiará nossa produção.

> Você está no seu escritório e atenderá uma cliente em potencial, a Sra. Monalisa. Ela relata que teve dois filhos com o Sr. Igor, seu ex-companheiro: Raimundo e Eleilton, com 02 (dois) e 04 (quatro) anos.
>
> Segundo o relato de sua então potencial cliente, após a dissolução da sua união com seu antigo companheiro, restou ajustado verbalmente que os menores residiriam com a mãe, em Feira de Santana/BA, e que o Sr. Igor, conhecido percussionista de banda de repercussão nacional e residente em Salvador/BA, contribuiria com o valor equivalente a 02 (dois) salários mínimos e com os planos de saúde dos menores, valendo destacar que o menor Eleilton, por exemplo, apresenta saúde frágil, sofrendo de asma.
>
> Ocorre que, em que pese esse ajuste verbal, já há 03 (três) meses que o Sr. Igor deixou de contribuir com qualquer valor, inclusive com o pagamento dos planos de saúde dos filhos, que passaram a ser pagos a duras penas pela Sra. Monalisa, tendo informado que só voltaria a realizar qualquer tipo de contribuição se fosse obrigado judicialmente a tanto.
>
> A Sra. Monalisa informa que se encontra desempregada há dois meses, quando perdeu seu emprego de dançarina e que quer ver fixada uma pensão alimentícia em favor dos menores.

3.1 Endereçamento

O ponto de partida de uma petição está no seu **endereçamento** correto, o que pressupõe o conhecimento das ***regras de fixação de competência***, no caso da ação de alimentos, insculpida no art. 53, II do CPC:

> Art. 53. É competente o foro:
> II - de domicílio ou residência do alimentando, para a ação em que se pedem alimentos;

O texto é bastante claro e autoexplicativo, de modo que, para fixação do foro competente o primeiro cuidado que o advogado deve ter é identificar o efetivo **domicílio do alimentando**, que no caso proposto é a Comarca de Feira de Santana, no Estado da Bahia.

Uma vez identificado o domicilio dos alimentandos, o advogado deverá buscar na *Lei de Organização Judiciária do Tribunal competente* a vara com competência para processar e julgar as ações de alimentos.

No caso do Tribunal de Justiça do Estado da Bahia (TJBA) a sua Lei de Organização Judiciária (LOJ) é a Lei Estadual n° 10.845/2007, segundo a qual, por foça do disposto no art. 73, I, "d":

> Art. 73 - Aos Juízes *das Varas de Família* compete:
> I – *processar e julgar.*
> d) *as ações de alimentos* e as de posse e guarda de filhos menores, quer entre os pais, quer entre estes e terceiros

Aqui abro parêntesis importantes. A LOJ fixa individualmente as competências dos juízes de cada tipo de vara, contudo, em muitos casos, as varas cumulam competências, como é o caso da Comarca de Feira de Santana/BA, onde as varas não são exclusivamente de Família, mas de Família, Sucessões, Órfãos e Interditos, consoante art. 131, IV, da LOJ:

> Art. 131 - Na Comarca de Feira de Santana servirão inicialmente 33 (trinta e três) Juízes de Direito, distribuídos pelas seguintes Varas especializadas que, em sendo mais de uma, se distinguirão pela sua numeração ordinal:
> IV - *06 (seis) Varas de Família*, Sucessões, Órfãos e Interditos;

Neste caso, os juízes cumulam as competências das Varas de Família, contidas nos incisos do já citado art. 73 da LOJ, com as das Varas de Sucessões, Órfãos e Interditos, contidas no art. 74 da mesma LOJ.

Voltando ao caso proposto, podemos concluir que devemos endereçar, portanto, nossa ação de alimentos para *um dos juízes* de uma das varas indicadas no inciso IV acima transcrito, correto? Para alguns, principalmente os mais antigos, sim. Contudo, para aqueles que se atém de forma mais estrita à dicção do art. 319, I, do CPC, não. Explicarei.

Após a promulgação do CPC vigente, em 2015, iniciou-se uma pequena, bem pequena mesmo, discussão sobre como endereçar as petições, inclusive as iniciais. Como mencionei algumas vezes, a exigência legal acerca do endereçamento está inserta no art. 319, I, do CPC, que modificou um pouco a redação equivalente do art. 282, I, do CPC/1973, valendo transcreve-los abaixo, lado a lado, comparativamente, eis que a pequena controvérsia acerca do endereçamento reside nesta alteração:

CPC Vigente	CPC Revogado
Art. 319. A petição inicial indicará: I - **o juízo** a que é dirigida;	Art. 282. A petição inicial indicará: I - **o juiz ou tribunal**, a que é dirigida;

Ora, até a ordem processual agora vigente, podemos notar que a legislação apresentava ao advogado a possibilidade de endereçar sua peça ao juiz ou ao tribunal, enquanto a nova lei processual civil é direta e clara no sentido de impor o endereçamento apenas *ao juízo a que é dirigida*.

Assim, num caso como o ora proposto, a maioria dos advogados endereçaria a petição para um dos Excelentíssimos Senhores Doutores Juízes de uma das Varas de Família, Sucessões, Órfãos, Interditos e Ausentes da Comarca de Feira de Santana/BA.

Contudo, à luz da letra fria do art. 319, I, do CPC, alguns defendem que este endereçamento estaria incorreto, já que a petição inicial deve indicar o juízo ao qual é dirigida, e não mais o juiz.

Pessoalmente, entendo que as duas formas estão corretas, na medida em que, apesar de ser endereçada para o juiz, a petição *à moda antiga* não deixa de indicar qual o juízo competente. Além disso, mesmo endereçando do modo mais clássico, na prática real, isto não trará qualquer prejuízo, já que não implicará no indeferimento ou emenda da inicial.

Contudo, aos estudantes, principalmente em provas escritas, notadamente no Exame da OAB, recomendo que enderecem ao juízo.

Assim, no nosso caso prático, de acordo com essa recomendação e com tudo o que foi explicado, teríamos o seguinte endereçamento:

UMA DAS VARAS DE FAMÍLIA, SUCESSÕES, ÓRFÃOS E INTERDITOS DA COMARCA DE FEIRA DE SANTANA/BA

3.2 Cabeçalho

Uma vez identificado o juízo competente e endereçada a ação, o responsável por sua confecção qualificará as partes e indicará a ação que está sendo proposta, fazendo-o no primeiro parágrafo da petição inicial, que denomino *cabeçalho*.

Creio que não há grandes digressões a serem feitas neste ponto, até porque o art. 319, II, do CPC traz os dados essenciais para **qualificação das partes**, valendo destacar que, para a hipótese de não dispor de alguma informação ali elencada e que repute essencial, por força do disposto no §2º do mesmo dispositivo, é possível requerer ao juízo diligências para sua obtenção.

O que reputo essencial é que o advogado ou estagiário que realizar o atendimento da parte tenha o cuidado de obter as informações contidas no supracitado dispositivo, exaurindo todas as informações ali constantes com relação ao seu constituinte e tentando obter o máximo de informações que o seu constituinte tenha sobre a parte contrária, notadamente nome completo e endereço.

Além das informações mandatórias referentes ao próprio constituinte, em alguns casos é importante trazer o documento de identidade, já que alguns sistemas virtuais, como no caso do E-SAJ do TJBA, exigem esta informação para o cadastramento da parte.

Com essas observações, considerando nosso caso prático, teríamos o seguinte cabeçalho:

> **RAIMUNDO e ELEILTON**, brasileiros, menores impúberes, **representados por sua genitora, MONALISA**, brasileira, solteira, dançarina, inscrita no Cadastro de Pessoas Físicas sob o n°, portadora do documento de identidade n°, monalisa@servidor.com.br, todos residentes e domiciliados no Endereço, Feira de Santana/BA, CEP, vem, por seu advogado constituído mediante procuração em anexo, propor **AÇÃO DE ALIMENTOS COM PEDIDO DE ALIMENTOS PROVISÓRIOS** em face de **IGOR**, brasileiro, solteiro, músico, inscrito no Cadastro de Pessoas Físicas sob o n°, igor@servidor, residente e domiciliado no Endereço, Salvador, Bahia, CEP, pelos fatos e fundamentos a seguir:

3.3 Pedidos liminares

Como explicamos anteriormente, antes de apresentar o mérito da ação de alimentos que está sendo ajuizada, há um pedido liminar que reputamos indispensável neste tipo de ação, até por força do caráter mandatório do art. 4°, da Lei de Alimentos: o pedido de fixação de *alimentos provisórios*.

Além deste requerimento, quase que invariavelmente as partes autoras em ações de alimentos não apresentam condições de arcar com as custas processuais, de modo que, nestes casos, urge requerimento liminar de concessão dos benefícios da *gratuidade da justiça*. Além disso, realizaremos um pedido específico para que seja determinada a *expedição de ofício à Receita Federal* com fundamento na ação de alimentos. Passaremos a tratar destes pontos agora.

a) Gratuidade da justiça

O art. 82 do CPC dispõe que *"salvo as disposições concernentes à gratuidade da justiça, incumbe às partes prover as despesas dos atos que realizarem ou requererem no processo, antecipando-lhes o pagamento, desde o início até a sentença final"*.

Da dicção legal é fácil inferir que, em se tratando de processos judiciais, a regra é a necessidade de recolhimento de custas processuais. Contudo, até para não impossibilitar o acesso à justiça para aquelas pessoas que não possam arcar com estas custas, a lei processual prevê o instituto da gratuidade da justiça, entre os artigos 98 e 102 do CPC, valendo trazer o teor do art. 98:

> Art. 98- A pessoa natural ou jurídica, brasileira ou estrangeira, *com insuficiência de recursos para pagar as custas, as despesas processuais e os honorários advocatícios* tem direito à gratuidade da justiça, na forma da lei:

Vejam que grifei o trecho "*com insuficiência de recursos para pagar as custas, as despesas processuais e os honorários advocatícios*", já que vejo uma evolução legislativa digna de nota com relação à ordem processual vigente até então, quando todas as questões atinentes à gratuidade da justiça eram tratadas pela Lei 1.060/1950.

Sobre a Lei 1.060/1950 é importante destacar que, na verdade, tratava (e ainda trata de alguns pontos não revogados pelo CPC vigente) da assistência judiciária gratuita aos *necessitados*, extrapolando a questão da isenção de custas processuais e tratando, por exemplo, da nomeação de procurador dativo e sobre a necessidade dos poderes públicos concederem assistência judiciária a estas pessoas *necessitadas*.

A questão é que a legislação utilizava (e ainda usa) o termo "*necessitado*", chegando a utilizar o termo "*pobre*" (art. 4º, §1 da referida lei[5]), além de exigir do jurisdicionado que declarasse esta condição de pobreza como requisito para presunção desta condição, o que acho algo constrangedor.

A regulação sobre a matéria, a meu sentir, evoluiu, na medida em que, por força no disposto no art. 99, §2º do CPC, a regra passou a ser o deferimento da gratuidade da justiça. Isto porque o texto legal afirma que "*o juiz somente poderá indeferir o pedido se houver nos autos elementos que evidenciem a falta dos pressupostos legais para a concessão de gratuidade*".

Além disso, ou seja, além de todas as disposições sobre o tema no CPC, no caso da ação de alimentos, especificamente no caso da Lei de Alimentos, de imediato há disposições sobre a isenção de custas, valendo destacar o art. 1º da mencionada lei:

> Art. 1º. A ação de alimentos é de rito especial, independente de prévia distribuição e de anterior concessão do benefício de gratuidade.

---

[5] Art. 4o (...) § 1º. Presume-se **pobre**, até prova em contrário, quem afirmar essa condição nos termos desta lei, sob pena de pagamento até o décuplo das custas judiciais.

§ 1º A distribuição será determinada posteriormente por ofício do juízo, inclusive para o fim de registro do feito.

§ 2º A parte que não estiver em condições de pagar as custas do processo, sem prejuízo do sustento próprio ou de sua família, gozará do benefício da gratuidade, por simples afirmativa dessas condições perante o juiz, sob pena de pagamento até o décuplo das custas judiciais.

§ 3º Presume-se pobre, até prova em contrário, quem afirmar essa condição, nos termos desta lei.

§ 4º A impugnação do direito à gratuidade não suspende o curso do processo de alimentos e será feita em autos apartados.

Com estas lições em mente, no nosso caso concreto, poderíamos redigir este tópico da seguinte forma:

---

1. PEDIDOS LIMINARES

1.1 DA GRATUIDADE DA JUSTIÇA

Os autores requerem, nos termos dos arts. 1º da Lei 5.478/1968 (Lei de Alimentos) e 98 do Código de Processo Civil (CPC), o deferimento da gratuidade da justiça, visto que sua situação econômica não lhes permite pagar as custas do processo ou suportar o eventual ônus sucumbencial sem prejuízo do sustento próprio, como evidenciam os documentos em anexo.

---

b) Alimentos provisórios

Como mencionei preambularmente, *enxergo os alimentos provisórios como uma tutela de urgência específica das ações de alimentos*, para utilizar a terminologia atualmente utilizada pela nossa ordem processual civil. Mais: vejo como uma tutela de urgência presumida, na grande parte dos casos, principalmente aqueles que envolvem menores e incapazes.

Esta conclusão acerca da presunção decorre do texto imperativo e mandamental do art. 4º da Lei de Alimentos, que institui a figura dos alimentos provisórios:

> Art. 4º As despachar o pedido, *o juiz fixará* desde logo alimentos provisórios a serem pagos pelo devedor, salvo se o credor expressamente declarar que deles não necessita

Veja que a lei não em fala em poderá fixar, utilizando "*fixará*", não trazendo uma maior discricionariedade ao julgador no sentido da sua fixação, *a priori*. Me parece claro que a regra é a fixação dos alimentos provisórios.

Neste momento, ainda que haja esta presunção legal acerca da necessidade, creio ser importante que o responsável pela confecção da inicial já traga provas documentais que sirvam para embasar o valor requerido a este título, como recibos de contas de consumo (água, luz), moradia (aluguel, condomínio), alimentação (recibos de supermercados), educação (mensalidades escolares, eventuais cursos e reforços), vestuário, etc. Se existirem condições especiais, como uma condição de saúde, por exemplo, que implique em despesas adicionais, é importante fazer prova destes gastos.

Aqui não há um esquema fechado, de modo que, no momento do atendimento, o responsável deve perquirir de forma profunda o contexto fático que envolve o(s) alimentando(s) e seu núcleo familiar.

Com estas cautelas em mente, no nosso caso concreto este tópico poderia ser redigido desta forma:

1.2 DOS ALIMENTOS PROVISÓRIOS

Com fundamento no art. 4º da Lei de Alimentos, os autores requerem, de imediato, o deferimento de alimentos provisórios, a serem pagos pelo Réu.

Urge destacar que além das despesas ordinárias, os autores são beneficiários de planos de saúde que, há dois meses, a duras penas, passou a ser adimplido por sua genitora, como demonstra a documentação em anexo.

Vale destacar que o segundo autor apresenta severo quadro de asma (vide relatório médico em anexo), não podendo se ver privado de seu plano de saúde.

É salutar mencionar que nossos Tribunais já fixaram entendimento no sentido de determinar o custeio de planos de saúde no âmbito dos alimentos provisórios, conforme julgado exemplificativo abaixo:

> DIREITO PROCESSUAL CIVIL. ALIMENTOS PROVISÓRIOS. FIXAÇÃO. PARÂMETROS LEGAIS ATENDIDOS. CÔMPUTO DO VALOR DO PLANO DE SAÚDE DAS ALIMENTANDOS CUSTEADO PELA ALIMENTANTE.
> I. Os alimentos provisórios devem ser dimensionados com cautela e moderação, sobretudo em face da incerteza quanto à concreta capacidade econômica do alimentante e à efetiva necessidade do alimentando.

> II. Deve ser mantida a decisão judicial que fixa os alimentos provisórios mediante a adequada ponderação, no plano da cognição sumária, dos meios de prova concernentes às necessidades das alimentandas e às possibilidades da alimentante. III. **O valor despendido pela alimentante com plano de saúde para as alimentandas tem cunho alimentício e assim deve ser computado no dimensionamento dos alimentos provisórios. IV. Recurso conhecido e parcialmente provido**. (TJ-DF 07144605220188070000 - Segredo de Justiça 0714460-52.2018.8.07.0000, Relator: JAMES EDUARDO OLIVEIRA, Data de Julgamento: 26/06/2019, 4ª Turma Cível, Data de Publicação: Publicado no PJe : 15/07/2019 . Pág.: Sem Página Cadastrada.)
>
> Sendo assim, os autores requerem a fixação de alimentos provisórios a serem pagos pelo Réu no importe equivalente a 02 (dois) salários mínimos, a serem depositados na conta corrente de titularidade da representante legal dos menores (DADOS BANCÁRIOS), além da obrigação de realizar o pagamento das mensalidades de seus planos de saúde nas datas dos respectivos vencimentos.

c) Expedição de ofícios à Receita Federal

A Lei de Alimentos confere ao juiz amplos poderes para que ele possa aferir de forma precisa as necessidades e possibilidades de alimentandos e alimentantes, o que já é possível inferir da redação de seu artigo 19[6].

Neste mesmo sentido, ou seja, também neste mesmo esteio de garantir que a ação de alimentos reflita, ao final, da forma mais precisa possível essa correlação entre necessidades dos alimentandos e possibilidades dos alimentantes, temos o art. 20:

> Art. 20. As repartições públicas, civis ou militares, inclusive do Imposto de Renda, darão todas as informações necessárias à instrução dos processos previstos nesta lei e à execução do que for decidido ou acordado em juízo.

Nos casos em que estivermos diante de alimentantes que não possuam vínculos celetistas ou estatutários, ou seja, que não afiram rendas fixas e

---

[6] Art. 19. O juiz, para instrução da causa ou na execução da sentença ou do acordo, poderá tomar todas as providências necessárias para seu esclarecimento ou para o cumprimento do julgado ou do acordo, inclusive a decretação de prisão do devedor até 60 (sessenta) dias.

facilmente demonstráveis, este dispositivo traz uma importante forma de aferir as suas possibilidades, se não de forma totalmente precisa, pelo menos de forma mais aproximada.

Creio ser possível, cumulando a previsão expressa do art. 20 com a prescrição mais generalista do art. 19, inclusive, a expedição de ofícios a empregadores da iniciativa privada, seja para efetivação do desconto em folha, seja para que informe ao juízo a remuneração destes alimentantes.

Além disso, penso que é bastante importante que este requerimento seja feito em caráter imediato, na forma de pedido liminar, para que este elemento de prova seja trazido aos autos na fase inicial do processo, não atrasando sua tramitação com a expedição de ofícios quando a ação já estiver contestada ou situação do gênero. Isto porque, necessariamente demandaria que as partes se manifestassem sobre esta informação de forma específica num segundo momento.

Feitas estas considerações, no caso aqui proposto, poderíamos chegar à seguinte redação para este item:

1.3 DA EXPEDIÇÃO DE OFÍCIOS À RECEITA FEDERAL

Os artigos 19 e 20 da Lei de Alimentos conferem amplos e importantes poderes instrutórios ao magistrado:

> Art. 19. **O juiz, para instrução da causa** ou na execução da sentença ou do acordo**, poderá tomar todas as providências necessárias para seu esclarecimento** ou para o cumprimento do julgado ou do acordo, inclusive a decretação de prisão do devedor até 60 (sessenta) dias.
>
> Art. 20. **As repartições públicas, civis ou militares, inclusive do Imposto de Renda, darão todas as informações necessárias à instrução dos processos previstos nesta lei** e à execução do que for decidido ou acordado em juízo.

Os grifos deixam claros que os magistrados, ao se depararem com uma ação de alimentos, apresentam amplos poderes para determinar a produção de provas que possam demonstrar da forma mais precisa e justa possível as necessidades dos alimentandos e, principalmente, as possibilidades dos alimentantes.

No caso dos autos, como se verifica da documentação acostada e restará assente no item fático, o Réu apresenta rendimentos variáveis, mas consistentes, na medida em que é artista com profícua produção, sendo certo que é imperioso à expedição de ofício à Receita Federal para que traga aos autos as 02 (duas) últimas declarações de Imposto de Renda de Pessoa Física vinculadas ao CPF 098.765.432-11.

3.4 Contexto fático

Nossa peça vem ganhando forma e, neste momento, chegamos ao mérito da nossa ação de alimentos, iniciando a apresentação do contexto fático, conforme dispõe a primeira parte do art. 319, III, do CPC:

> Art. 319. *A petição inicial indicará*:
> III - *o fato* e os fundamentos jurídicos do pedido;

Aqui, por razões mais didáticas, no desenvolvimento de nosso modelo adotarei a ***tradicional estrutura "Fato x Direito x Pedidos"***. Adianto que, apesar de usual, não há uma obrigatoriedade de adotar estas nomenclaturas, principalmente em lides mais complexas, ainda que seja possível encaixar quase qualquer situação a este *trinômio*.

Ao final do desenvolvimento deste primeiro modelo, elaborarei uma petição inicial, a partir deste mesmo caso, trabalhando uma estrutura diferente, como antecipei anteriormente.

De qualquer modo, creio ser um ponto de partida interessante para aqueles que estão começando a peticionar, para que, uma vez seguros dentro deste formato mais simples, comecem a desenvolver seu próprio estilo.

Dito isto, focando no ato de peticionar em si, destaco que, até por lógica, o advogado deverá enfrentar primeiro o contexto fático. Aqui repetirei algo que é quase um mantra pessoal, já que falo isso todo o tempo aos alunos do Núcleo de Práticas Jurídicas onde atuo: ***fato se relaciona com prova***. Por isso, recomendo que neste ponto o advogado limite-se a trazer o contexto fático de forma específica e pormenorizada e a indicar a prova que sirva para corroborar o que afirma, sem, ainda, trazer menções detalhadas sobre dispositivos legais, o que será feito no item seguinte.

Contudo, **um alerta importante**: não trazer citações de dispositivos legais aqui não significa ignora-los. Muito pelo contrário. É importante que, ao iniciar a redação da sua peça, já tenha estruturado os dispositivos que trabalhará, já que este arcabouço legal servirá para que, no âmbito do caso prático no qual esteja trabalhando, identifique os fatos e provas relevantes.

Pensemos no nosso caso, na nossa ação de alimentos. Lembrem da estrutura básica da nossa peça. Lá, ao apresentar o item destinado à apresentação dos fatos, citei especificamente o art. 2º da Lei de Alimentos[7], que já indica quais os fatos fundamentais e imprescindíveis à este tipo de ação.

---

[7] Art. 2º. O credor, pessoalmente, ou por intermédio de advogado, dirigir-se-á ao juiz competente, qualificando-se, e exporá suas necessidades, provando, apenas o parentesco ou a obrigação de alimentar do devedor, indicando seu nome e sobrenome, residência ou local de trabalho, profissão e naturalidade, quanto ganha aproximadamente ou os recursos de que dispõe.

Além disso, há o clássico §1º do art. 1.694 do Código Civil[8], uma espécie de derivação simplificada do art. 2º da Lei de Alimentos, que traz o famigerado **binômio "necessidade x possibilidade".**

Ou seja, para saber como desenvolver a narrativa fática é imprescindível saber o que diz a lei. No caso da ação de alimentos a lei fixa os seguintes **aspectos fáticos indispensáveis:** *(i)* o parentesco ou obrigação de alimentar entre alimentando e alimentante; *(ii)* demonstração das necessidades do alimentando e *(iii)* do alimentante.

Voltando ao nosso caso**, *a primeira coisa é demonstrar a relação entre os alimentandos e alimentante***, deixando claro o que gera o direito e o dever recíproco de pleitear e prestar alimentos. Não é demais lembrar que o relato do nosso caso proposto é citado de forma clara que o objetivo é a fixação de pensão alimentícia em favor dos filhos menores, a ser paga pelo pai de ambos. Ou seja: a pretensão alimentar está fundada numa relação de parentesco. O meio de prova desta relação é bastante simples: apresentação das respectivas certidões de nascimento.

Uma vez identificado o fundamento da obrigação alimentar, no nosso caso, a sua relação de parentesco, o advogado passa ao cerne da questão fática, que é a evidenciação do binômio "necessidade x possibilidade".

Com relação às necessidades dos alimentandos, ao tratar dos alimentos provisórios adiantamos como fazer prova deste contexto de necessidade, indicando a apresentação de recibos de contas de consumo (água, luz), moradia (aluguel, condomínio), das despesas com alimentação (recibos de supermercados), educação (mensalidades escolares, eventuais cursos e reforços), vestuário, etc. Se existirem condições especiais, como problema crônico de saúde, por exemplo, que traga despesas adicionais, é importante que faça prova desta condição e destes gastos. Este é o momento de trabalhar de forma mais aprofundada este contexto fático, se possível apresentando planilhas explicativas que quantifiquem estas necessidades de maneira pormenorizada.

Aqui abro importantes parêntesis, para destacar que o entendimento jurisprudencial é sedimentado no sentido de reconhecer a presunção da necessidade de alimentandos menores. Este entendimento já foi, inclusive, publicado no Informativo de Jurisprudência do Superior Tribunal de Justiça (STJ)[9], que apesar de não ser um repositório oficial de jurisprudência, se

---

[8] Art. 1.694. Podem os parentes, os cônjuges ou companheiros pedir uns aos outros os alimentos de que necessitem para viver de modo compatível com a sua condição social, inclusive para atender às necessidades de sua educação
§ 1o Os alimentos devem ser fixados na proporção das necessidades do reclamante e dos recursos da pessoa obrigada
[9] Informativo de Jurisprudência nº 518, de 15 de maio de 2013 <disponível em https://scon.stj.jus.br/SCON/SearchBRS?b=INFJ&tipo=informativo&livre=@COD=%270518%27>.

constitui num importante periódico que destaca os entendimentos sedimentados no âmbito daquela Corte.

No referido informativo foi destacada decisão da Quarta Turma do STJ que traz em sua ementa o trecho abaixo destacado, que além de mencionar a presunção da necessidade de alimentandos menores, estende essa presunção aos alimentandos maiores em curso superior ou técnico:

> "Com efeito, **durante a menoridade**, quando os filhos estão sujeitos ao poder Familiar - na verdade, conjunto de deveres dos pais, inclusive o de sustento **- há presunção de dependência dos filhos, que subsiste caso o alimentando, por ocasião da extinção do poder Familiar, esteja frequentando regularmente curso superior ou técnico**, todavia passa a ter fundamento na relação de parentesco, nos moldes do artigo 1.694 e seguintes do Código Civil." (REsp 1312706/AL, Rel. Ministro LUIS FELIPE SALOMÃO, QUARTA TURMA, julgado em 21/02/2013, DJe 12/04/2013)

Contudo, ainda que haja a presunção da necessidade, creio ser importante que haja um esforço para quantificar da forma mais precisa possível este ponto, a fim de possibilitar a fixação de uma pensão mais próxima da realidade do seu constituinte.

A demonstração das possibilidades do alimentante geralmente é um pouco mais difícil, já que, por vezes, depende de documentos que não estão sob o poder do seu constituinte. Mas obter informações como a profissão, se o alimentante trabalha com carteira de trabalho assinada, dados do empregador nestes casos, se ele declara imposto de renda, podem ajudar bastante, já que é possível requerer que o juiz determine expedição de ofícios a estes entes a fim de precisar de forma acurada as possibilidades do Réu, como destacado anteriormente.

Como mencionado, isso é possível, em grande parte, graças ao vasto e amplo poder dado ao juiz nestes tipos de processos pela Lei de Alimentos, notadamente em seu artigo 19, segundo o qual o juiz, para instrução da causa, poderá tomar todas as providências necessárias para seu esclarecimento. Além disso, há o já citado artigo 20 da mesma lei, que trata especificamente da possibilidade de envio de ofícios a órgãos públicos requisitando informações sobre os alimentantes.

Aqui o advogado deverá usar sua habilidade para demonstrar a veracidade daquilo que afirma. Atualmente, neste mundo altamente conectado, repleto de redes sociais, é muito usual a extração de documentos obtidos a partir das redes sociais dos alimentantes, a fim de demonstrar um certo padrão de vida.

Eis uma recomendação extra: quando extrair algo de uma rede social, até pela sua volatilidade e possibilidade de retirada posterior do conteúdo pelo responsável, é importante lavrar uma ata notarial.

As atas notariais encontram fundamento nos arts. 384 e 405 do CPC:

> Art. 384 do CPC - A existência e o modo de existir de algum fato podem ser atestados ou documentados, a requerimento do interessado, mediante ata lavrada por tabelião.
> Parágrafo único. Dados representados por imagem ou som gravados em arquivos eletrônicos poderão constar da ata notarial.
> Art. 405 do CPC - O documento público faz prova não só da sua formação, mas também dos fatos que o escrivão, o chefe de secretaria, o tabelião ou o servidor declarar que ocorreram em sua presença.

Ao tomar este cuidado, é possível atribuir uma segurança maior àquele meio de prova, especialmente no que atine à sua forma, o que resta ainda mais evidente quando citamos o que dispõe o art. 215 do Código Civil sobre as escrituras públicas:

> Art. 215 do CC - A escritura pública, lavrada em notas de tabelião, é documento dotado de fé pública, fazendo prova plena.

Com tudo isso em mente, podemos voltar à nossa peça, que poderia ter esse ponto redigido da seguinte forma:

---

2. DOS FATOS

Os menores autores são filhos do Réu, conforme demonstram as certidões de nascimento em anexo, nascendo da união entre este e sua genitora.

O fato é que, logo após o término do relacionamento mantido entre o Réu e a representante legal dos Autores, há cerca de 06 (seis) meses, estes convencionariam que o primeiro arcaria com os planos de saúde dos menores, contribuiria com valor equivalente a 01 (um) salário mínimo e com os medicamentos do 1º Autor, que, por sofrer de quadro crônico de asma, demanda cuidados constantes (relatório médico em anexo).

Entretanto, há cerca de 03 (três) meses, o Acionado deliberadamente não vem cumprindo suas obrigações paternas, deixando seus filhos à própria sorte e exclusivamente sob os cuidados materiais e afetivos de sua genitora, tendo afirmado a esta, por intermédio de mensagem de WhatsApp, que "*só vou pagar o que a justiça mandá*" (sic – tela do diálogo e ata notarial em anexo).

Além do descaso paterno, a situação da genitora dos Autores tornou-se ainda mais difícil há 02 (dois) meses, já que perdeu seu emprego como dançarina, sendo certo que, até o presente momento, sequer recebeu suas verbas trabalhistas, vendo-se obrigada, inclusive, a intentar reclamação para ver respeitados seus direitos laborais (cópia da CTPS e da reclamação trabalhista da representante legal dos menores em anexo).

A questão é que as necessidades dos menores autores não podem esperar a boa vontade do Réu, sendo certo que as despesas recorrentes se acumulam.

Como bem demonstram os recibos de supermercado, de contas de consumo, o contrato de aluguel da genitora dos menores, com quem estes residem, os boletos dos planos de saúde dos autores e toda a documentação referente às despesas geradas por estes, todos em anexo, podemos afirmar que os menores autores geram gastos mensais no importe equivalente a aproximadamente R$4.000,00 (quatro mil reais), o que fica mais claro com a tabela a seguir:

DESPESA	VALOR
2/3 MORADIA	R$850,00
2/3 LUZ	R$150,00
2/3 AGUA	R$50,00
ALIMENTAÇÃO	R$800,00
VESTUARIO	R$250,00
MEDICAÇÃO	R$350,00
PLANOS DE SAUDE	R$750,00
LAZER	R$400,00
CRECHE	R$400,00
TOTAL DOS GASTOS	**R$4.000,00**

Atualmente todos estes valores vem sendo assumidos pela genitora dos autores, que já está prestes a esgotar todas as suas reservas financeiras para prover o sustento dos seus filhos sozinha.

Por seu turno, cumpre destacar que o Réu é um conhecido músico, integrante de banda com repercussão nacional, como se infere da documentação acostada, realizando extensa agenda de shows e eventos por todo o país.

> Apesar de não ser possível precisar de forma efetiva os rendimentos mensais aferidos pelo Réu, é facilmente inferível que este apresenta amplas possibilidades de arcar com suas obrigações paternas, algo ainda mais evidente quando notamos a rotina recheada de luxos e extravagâncias evidenciada pelas fotos em anexo, extraídas das suas redes sociais (acompanhadas de ata notarial também inclusa).
>
> Assim é que, diante da desídia do Réu e do cenário de grandes dificuldades que vivem os Autores, buscam a guarida do Poder Judiciário, pelos fatos apresentados e fundamentos que passamos a expor.

3.5 Fundamentos jurídicos

Após finalizar o contexto fático, o advogado passará à fundamentação jurídica, *apresentando os fundamentos legais que embasam a pretensão de seus constituintes*, atendendo a segunda parte do já mencionado art. 319, III do CPC:

> Art. 319. *A petição inicial indicará*:
> III - o fato e *os fundamentos jurídicos* do pedido;

Além de indicar os fundamentos jurídicos de sua pretensão, este é o momento do advogado demonstrar o encaixe, a subsunção entre os fatos articulados e os dispositivos a serem apresentados.

No caso aqui trabalhado, já adiantamos os principais marcos legislativos que embasarão a pretensão alimentícia, destacando os arts. 2º da Lei de Alimentos e o art. 1.694 do Código Civil como principais dispositivos. Neste caso, a subsunção entre os fatos e as normas será natural, já que todo o contexto fático foi feito tendo em mente as exigências contidas e prescritas por estas normas.

Além dos textos normativos, este é o momento de apresentar entendimentos jurisprudenciais. Geralmente, as ações de alimentos que envolvem menores não demandam maiores polêmicas ou grandes discussões que necessitem de apresentações de grandes teses jurisprudenciais. Isto muda um pouco nas ações que envolvam filhos maiores, cônjuges ou outros tipos de parentes, já que, nestes casos, há uma discussão mais profunda sobre direitos e deveres de alimentandos e alimentantes.

Ainda assim, como antecipamos no item antecedente, há importante julgado fixando entendimento pela presunção das necessidades dos alimentandos menores, algo passível de menção expressa.

Além disso, considerando a particularidade do pleito de custeio do plano de saúde dos alimentandos pelo alimentante no nosso caso prático, reputo importante trazer pelo menos um entendimento jurisprudencial neste sentido. Isto porque, não raro, planos de saúde tem reajustes anuais muito superiores aos reajustes do valor do salário mínimo ou até mesmo dos rendimentos do alimentante, de modo que a imposição da obrigação desta forma evitaria prejuízos aos alimentandos e à sua representante legal se o valor da verba alimentar estivesse atrelado unicamente aos rendimentos do Réu ou até mesmo ao salário mínimo.[.

Na prática, penso que a busca por julgados deva seguir alguns cuidados. De logo é importante que o advogado identifique se sua pretensão é alvo de alguma Súmula. Caso positivo, principalmente se a Súmula for mais antiga, creio ser importante trazer um ou dois julgados mais recentes dos Tribunais Superiores dando aplicação à Súmula suscitada.

Caso não haja nenhuma Súmula, creio ser indispensável encontrar entendimentos jurisprudenciais recentes, já que evidenciarão o entendimento dominante naquele momento e evitará que a parte contrária ridicularize caso uma jurisprudência mais antiga não reflita o posicionamento atual sobre a matéria.

Em casos de apresentação de julgados que não sejam oriundos do Superior Tribunal de Justiça ou do Supremo Tribunal Federal, penso que seja interessante privilegiar julgados oriundos do mesmo Tribunal que julgará sua pretensão. Ainda assim, não diminuo a importância de acompanhar este julgado local de alguma outra decisão de um outro Tribunal, a fim de construir uma ideia de unidade nacional acerca daquele posicionamento.

Outra dica diz respeito ao tamanho das ementas colacionadas. Penso que o advogado deva ter o cuidado para que as citações não sejam muito longas, alternando textos próprios e citações de ementas. Creio que a juntada de várias ementas em sequência servirá como um desestimulo à apreciação cuidadosa pelo magistrado sobre seu teor.

Atualmente, além das ferramentas de buscas dos próprios Tribunais (penso que a pesquisa nos sites do STF e STJ são indispensáveis), há portais jurídicos que permitem pesquisas em diversos Tribunais ao mesmo tempo, o que facilita bastante esta indispensável tarefa, que é a busca por jurisprudência.

Fechando os parêntesis sobre os precedentes, retornando à fundamentação jurídica, destaco, ainda, que neste ponto o advogado pode trazer conceitos doutrinários. Contudo, recomendo grande cautela neste ponto, e só recomendo sua utilização se a lide for mais complexa, crendo que é algo dispensável a lides mais simples, como é o caso do exemplo aqui tratado, que encerra uma ação de alimentos. Penso ser totalmente dispensável citações doutrinárias sobre o binômio "necessidade x possibilidade" ou com relação a qualquer outro ponto a fim. Penso que é crucial a peça ser o mais enxuta possível, sem penduricalhos que só sirvam para lhe trazer volume e tirar a atenção do julgador dos seus aspectos realmente importantes.

Com isto em mente, redigiria a fundamentação jurídica de nossa petição da seguinte forma:

3. DO DIREITO

A presente ação encontra importante fundamento no art. 2º da já citada Lei de Alimentos:

> Art. 2º. O credor, pessoalmente, ou por intermédio de advogado, dirigir-se-á ao juiz competente, qualificando-se, e exporá suas necessidades, provando, apenas o parentesco ou a obrigação de alimentar do devedor, indicando seu nome e sobrenome, residência ou local de trabalho, profissão e naturalidade, quanto ganha aproximadamente ou os recursos de que dispõe.

Reforçando os preceitos contidos no referido dispositivo de lei, nosso Código Civil traz o art. 1.694, *caput* e §1º, que são ainda mais claros sobre os contornos da ação de alimentos:

> Art. 1.694. Podem os parentes, os cônjuges ou companheiros pedir uns aos outros os alimentos de que necessitem para viver de modo compatível com a sua condição social, inclusive para atender às necessidades de sua educação.
> § 1o Os alimentos devem ser fixados na proporção das necessidades do reclamante e dos recursos da pessoa obrigada.

Vejam que os textos legais destacam que os alimentos serão fixados segundo as necessidades dos alimentandos e nas proporções das possibilidades do alimentante, o chamado binômio "necessidade x possibilidade".

Sobre as necessidades dos Autores, menores em tenra idade, é salutar destacar o entendimento sedimentado no Superior Tribunal de Justiça, que fixou precedente no sentido de entender pela sua presunção, algo que se mantém até os dias atuais, como demonstra trecho em destaque de julgado bastante recente:

> "Cumpre observar que, por se tratar de menor impúbere, a necessidade da alimentada é presumida e, portanto, não depende de comprovação, já que decorre de gastos naturais com alimentação, habitação, lazer, saúde, educação, vestuário etc."
> (STJ - REsp: 1638328 MG 2016/0300480-3, Relator: Ministro MARCO AURÉLIO BELLIZZE, Data de Publicação: DJ 11/10/2018)

Ainda assim, no caso dos autos, ao longo de todo o item fático, as necessidades dos autores restaram evidenciadas e até mesmo quantificadas, por intermédio da documentação ora acostada.

As possibilidades do Réu, segundo requisito para imposição do dever de prestar alimentos, também se mostram evidentes quando notamos sua agitada agenda profissional, assim como sua rotina repleta de viagens, festas e ostentação.

Outrossim, até mesmo para evidenciar de forma ainda mais precisa suas reais possibilidades, entendemos ser fundamental para um arbitramento mais preciso da obrigação alimentar a ser fixada o envio de ofícios à Receita Federal para que traga as duas últimas declarações de imposto de renda do Réu, conforme autoriza o já citado art. 20 da Lei de Alimentos, quando foi realizado requerimento liminar neste sentido, o que reforçamos aqui.

De qualquer modo, uma vez evidenciados os requisitos para fixação dos alimentos, basta apenas quantificá-los.

A documentação inclusa serve como importante balizador para tanto, trazendo as necessidades mais básicas dos menores, servindo como piso para fixação da pensão a ser paga pelo Réu.

Ademais, caso se verifique que os rendimentos do Réu demonstrem possibilidades de garantir aos Autores mais conforto, possibilitando uma melhor educação, uma formação com mais atividades extracurriculares, melhor assistência médica, mais opções de lazer, entendemos como medida de justiça a fixação de alimentos em valor apto a garantir isso.

Em situações similares, nosso Tribunal vem decidindo no sentido de garantir à cada alimentando valor em torno de 20% (vinte por cento) dos rendimentos do alimentante, como demonstra o julgado abaixo:

> DIREITO DE FAMÍLIA. **AÇÃO DE ALIMENTOS. PROCEDÊNCIA. VERBA ALIMENTAR. FIXAÇÃO EM VALOR EQUIVALENTE A 22% (VINTE E DOIS POR CENTO) DOS RENDIMENTOS LÍQUIDOS DO DEMANDADO.** APELAÇÃO. PRESENÇA DOS PRESSUPOSTOS DE ADMISSIBILIDADE. PRETENSÃO INACOLHÍVEL DE REDUÇÃO DA VERBA ALIMENTAR. DEFESA EMBASADA EM MEROS E FRÁGEIS ARGUMENTOS. ALEGAÇÃO NÃO DEMONSTRADA DE FALTA DE CONDIÇÕES FINANCEIRAS. **SENTENÇA**

> **PROFERIDA EM CONSONÂNCIA COM ELEMENTOS CARREADOS PARA OS AUTOS E LEGISLAÇÃO EM VIGOR. RECURSO IMPROVIDO**. (TJ-BA - APL: 03424995420138050001, Relator: Lícia de Castro L. Carvalho, Primeira Câmara Cível, Data de Publicação: 11/03/2019)
>
> Assim, urge a fixação de alimentos em valor equivalente a 20% (vinte por cento) dos rendimentos do Réu para cada Autor, respeitado o valor total mínimo equivalente a 02 (dois) salários mínimos, para a remota hipótese dos percentuais pretendidos serem inferiores a este montante, além da obrigação de realizar o pagamento dos planos de saúde dos menores Autores.

3.6 Pedidos

Até aqui já endereçamos a peça, qualificamos as partes, indicamos a ação proposta, redigimos os pedidos liminares, o contexto fático e a fundamentação jurídica, estando muito próximos da conclusão da nossa peça e *chegando à elaboração dos nossos pedidos* (inclusive das provas que pretende-se produzir), conforme previsão contida no art. 319, IV do CPC:

> Art. 319. *A petição inicial indicará:*
> IV - *o pedido* com as suas especificações;

A recomendação fundamental é que o advogado tenha em mente que os pedidos refletem aquilo que já foi tratado ao longo da peça. Ou seja, se há um tópico tratando de uma tutela de urgência, no nosso caso, de alimentos provisórios, deve haver neste item um pedido correspondente. Os pedidos de mérito? Devem estar requeridos de forma expressa neste item.

Um alerta que julgo importante diz respeito às provas. Muitos advogados optam por um pedido genérico de "produção de todas as provas em direito admitidas". Estaria errado? Geraria prejuízos à pretensão? Creio que de um modo geral, não. Contudo, até pela melhor técnica, entendo que devemos requerer a produção das provas que, de fato, pretendemos produzir, de forma individualizada, ainda que englobemos as tais "todas as provas em direito admitidas".

É fundamental que o advogado analise questões particulares às causas para que formule todos os pedidos obrigatórios. No nosso caso, por exemplo, por força de lei é indispensável a participação do Ministério Público, já que a lide versa sobre interesse de menor (incapaz), a teor do art. 178, II, do Código de Processo Civil:

Art. 178. O Ministério Público será intimado para, no prazo de 30 (trinta) dias, intervir como fiscal da ordem jurídica nas hipóteses previstas em lei ou na Constituição Federal e nos processos que envolvam:
II - interesse de incapaz;

De modo geral, o CPC regula *os pedidos* a partir do seu art. 322, prescrevendo que este deve ser certo (art. 322[10]) e determinando (art. 324[11]), compreendendo as verbas sucumbenciais, inclusive honorários de advogado (art. 322, 1°[12]). Além disso, a lei processual civil vigente prevê a possibilidade de formulação de pedidos alternativos (art. 325[13]) ou subsidiários (art. 326[14]). Também prescreve a forma na qual é possível cumular pedidos (art. 327[15]). Por fim, regula o aditamento ou alteração de pedidos (art. 329[16]).

Os parâmetros para o pedido de condenação da parte contrária ao

---

[10] Art. 322. O pedido deve ser certo.
[11] Art. 324. O pedido deve ser determinado.
[12] Art. 322; (...) § 1° Compreendem-se no principal os juros legais, a correção monetária e as verbas de sucumbência, inclusive os honorários advocatícios.
[13] Art. 325. O pedido será alternativo quando, pela natureza da obrigação, o devedor puder cumprir a prestação de mais de um modo.
[14] Art. 326. É lícito formular mais de um pedido em ordem subsidiária, a fim de que o juiz conheça do posterior, quando não acolher o anterior.
Parágrafo único. É lícito formular mais de um pedido, alternativamente, para que o juiz acolha um deles.
[15] Art. 327. É lícita a cumulação, em um único processo, contra o mesmo réu, de vários pedidos, ainda que entre eles não haja conexão.
§ 1° São requisitos de admissibilidade da cumulação que:
I - os pedidos sejam compatíveis entre si;
II - seja competente para conhecer deles o mesmo juízo;
III - seja adequado para todos os pedidos o tipo de procedimento.
§ 2° Quando, para cada pedido, corresponder tipo diverso de procedimento, será admitida a cumulação se o autor empregar o procedimento comum, sem prejuízo do emprego das técnicas processuais diferenciadas previstas nos procedimentos especiais a que se sujeitam um ou mais pedidos cumulados, que não forem incompatíveis com as disposições sobre o procedimento comum.
§ 3° O inciso I do § 1° não se aplica às cumulações de pedidos de que trata o art. 326.
[16] Art. 329. O autor poderá:
I - até a citação, aditar ou alterar o pedido ou a causa de pedir, independentemente de consentimento do réu;
II - até o saneamento do processo, aditar ou alterar o pedido e a causa de pedir, com consentimento do réu, assegurado o contraditório mediante a possibilidade de manifestação deste no prazo mínimo de 15 (quinze) dias, facultado o requerimento de prova suplementar.
Parágrafo único. Aplica-se o disposto neste artigo à reconvenção e à respectiva causa de pedir.

pagamento dos honorários advocatícios (*o que, como advogado, reputo essencial*) estão contidos nos incisos do art. 85, §2º do CPC:

> Art. 85. A sentença condenará o vencido a pagar honorários ao advogado do vencedor.
> § 2º Os honorários serão fixados entre o mínimo de dez e o máximo de vinte por cento sobre o valor da condenação, do proveito econômico obtido ou, não sendo possível mensurá-lo, sobre o valor atualizado da causa, atendidos:
> I - o grau de zelo do profissional;
> II - o lugar de prestação do serviço;
> III - a natureza e a importância da causa;
> IV - o trabalho realizado pelo advogado e o tempo exigido para o seu serviço.

Como mencionei, para nós, advogados, este é um requerimento fundamental, sendo certo que, a partir do momento que estes honorários sucumbenciais são fixados em valores que reputemos insuficientes, mesmo que o mérito da lide seja resolvido à contento, podem ser alvo de recurso próprio e específico a ser manejado pelo próprio advogado, em paralelo ao eventual cumprimento da obrigação principal constante na sentença.

Outro pedido indispensável é o de citação do Réu para que integre a relação processual, sendo certo que, no caso da ação de alimentos, por se tratar de ação de família regulada pelos artigos do Capítulo X do CPC, que impõe a busca pela "solução consensual da controvérsia", assim previsto no art. 694[17] do CPC, creio não ser recomendável indicar a não-opção pela audiência de conciliação, prescrita no já art. 319, VII do CPC[18].

Assim é que, nas ações de família, o Réu deverá ser citado na forma do art. 695[19], ou seja, "para comparecer à audiência de mediação e conciliação", sendo certo que, por força do disposto no art. 697[20] do CPC, caso não haja acordo nesta assentada "passarão a incidir, a partir de então, as normas do

---

[17] Art. 694. Nas ações de família, todos os esforços serão empreendidos para a solução consensual da controvérsia, devendo o juiz dispor do auxílio de profissionais de outras áreas de conhecimento para a mediação e conciliação.

[18] Art. 319. A petição inicial indicará:
VII - a opção do autor pela realização ou não de audiência de conciliação ou de mediação.

[19] Art. 695. Recebida a petição inicial e, se for o caso, tomadas as providências referentes à tutela provisória, o juiz ordenará a citação do réu para comparecer à audiência de mediação e conciliação, observado o disposto no art. 694.

[20] Art. 697. Não realizado o acordo, passarão a incidir, a partir de então, as normas do procedimento comum, observado o art. 335.

procedimento comum, observado o art. 335[21]".

Penso ser importante constar pedido expresso para que seja decretada a revelia do Réu caso não apresente a contestação no prazo legal, nos termos do art. 344[22] do CPC.

Feitas estas considerações, no caso em desenvolvimento poderíamos chegar à seguinte redação para nossos pedidos:

---

4. DOS PEDIDOS

Ante todo o exposto, requerem os autores:

(i) **Inicialmente**, o deferimento da gratuidade da justiça, nos termos do item 1.1 da presente exordial.
(ii) **Liminarmente**, sem audição da parte contrária:
   a. Arbitramento de **alimentos provisórios** a serem pagos pelo Réu em favor dos menores Autores no importe equivalente a 02 (dois) salários mínimos, mediante depósito na conta DADOSBANCÁRIOS de titularidade da representante legal e genitora dos menores, além da imposição de pagamento dos planos de saúde dos menores pelo Réu, conforme item 1.2 da presente peça; e
   b. **Expedição de ofício à Receita Federal** para que traga aos autos as 02 (duas) últimas declarações de imposto de renda do Réu, conforme item 1.3 da presente inicial.
(iii) **A designação de audiência mediação e conciliação** prevista no art. 395 do CPC, com a citação do Réu para que compareça à assentada, sendo alertado que caso não compareça ou não haja transação, seu prazo para **contestar** a presente ação se iniciará na data da referida assentada, conforme art. 335, I do CPC, bem como que, para a hipótese de não apresentação da contestação no prazo legal, será decretada sua **revelia**, nos termos do art. 344 do CPC.

---

[21] Art. 335. O réu poderá oferecer contestação, por petição, no prazo de 15 (quinze) dias, cujo termo inicial será a data:
I - da audiência de conciliação ou de mediação, ou da última sessão de conciliação, quando qualquer parte não comparecer ou, comparecendo, não houver autocomposição;
II - do protocolo do pedido de cancelamento da audiência de conciliação ou de mediação apresentado pelo réu, quando ocorrer a hipótese do art. 334, § 4º, inciso I;
III - prevista no art. 231 , de acordo com o modo como foi feita a citação, nos demais casos.
[22] Art. 344. Se o réu não contestar a ação, será considerado revel e presumir-se-ão verdadeiras as alegações de fato formuladas pelo autor.

(iv) A **intimação do Ministério Público** para que intervenha no feito, a teor do art. 178 do CPC.
(v) **No mérito**, conforme itens 2 e 3 da presente, sejam julgados procedentes os pedidos para condenar o Réu ao pagamento de alimentos definitivos:
  a. no importe equivalente a 20% (vinte por cento) de seus rendimentos **para cada Autor**; mais o dever de pagar as mensalidades dos planos de saúde dos Autores ou
  b. **Alternativamente,** equivalentes a 02 (dois) salários mínimos, mais o dever de pagar as mensalidades dos planos de saúde dos Autores, caso o total dos percentuais indicados na alínea anterior sejam inferiores a este montante.
(vi) Ademais, a condenação do Réu ao pagamento de honorários de sucumbência, equivalentes a 20% (vinte por cento) do total da condenação, com fulcro no art. 85, §2º do CPC.
(vii) A **produção de provas** documental, inclusive em contraprova, depoimento pessoal das partes, e sob pena de confissão, testemunhal, cujo rol será juntado oportunamente.

3.7 Valor da causa

Chegamos à parte final da confecção das petições iniciais, que é a indicação do valor atribuído à causa, sendo indispensável, aqui, a leitura atenta do disposto no art. 292, do CPC:

> Art. 292. O valor da causa constará da petição inicial ou da reconvenção e será:
> I - na ação de cobrança de dívida, a soma monetariamente corrigida do principal, dos juros de mora vencidos e de outras penalidades, se houver, até a data de propositura da ação;
> II - na ação que tiver por objeto a existência, a validade, o cumprimento, a modificação, a resolução, a resilição ou a rescisão de ato jurídico, o valor do ato ou o de sua parte controvertida;
> **III - na ação de alimentos, a soma de 12 (doze) prestações mensais pedidas pelo autor;**
> IV - na ação de divisão, de demarcação e de reivindicação, o valor de avaliação da área ou do bem objeto do pedido;
> V - na ação indenizatória, inclusive a fundada em dano moral, o valor pretendido;
> VI - na ação em que há cumulação de pedidos, a quantia correspondente à soma dos valores de todos eles;

VII - na ação em que os pedidos são alternativos, o de maior valor;
VIII - na ação em que houver pedido subsidiário, o valor do pedido principal.

Veja que grifei os incisos III e VII, balizadores para aferição do valor da causa para o nosso caso em discussão. O inciso III por trazer a regra para aferição do valor da causa em ações de alimentos, enquanto o inciso VII indica o procedimento para atribuição do valor da causa quando existirem pedidos alternativos, justamente nosso caso.

Contudo, como não sabemos de forma exata o valor dos rendimentos do Réu/alimentante, não é possível indicar qual o maior valor, razão pela qual se impõe o cálculo tomando por base o pedido fundado no salário mínimo e nas prestações dos planos de saúde dos menores autores. Assim, considerando o salário mínimo vigente em setembro/2019 e os valores das mensalidades indicados na planilha de gastos e despesas trazida no item destinado aos fatos, teríamos o seguinte:

DESPESA	VALOR
PLANOS DE SAÚDE	R$750,00
02 SALÁRIOS MÍNIMOS	R$1.996,00
VALOR MENSAL PRETENDIDO	R$2.746,00
12X VALOR PRETENDIDO	R$32.952,00

Uma vez atribuído o valor da causa, o advogado datará sua petição inicial, requererá deferimento, aporá seus dados e assinatura, de modo que finalizaríamos assim nossa petição inicial:

> Atribui-se à causa o valor de R$32.952,00 (trinta e dois mil novecentos e cinquenta e dois reais), conforme art. 292, III do CPC.
>
> Nestes termos, pede e espera deferimento.
>
> Feira de Santana, DATA.
>
> Nome Completo do Advogado
> OAB

A seguir segue o modelo integral.

3.8 Modelo completo

> **UMA DAS VARAS DE FAMÍLIA, SUCESSÕES, ÓRFÃOS E INTERDITOS DA COMARCA DE FEIRA DE SANTANA/BA**
>
> **RAIMUNDO** e **ELEILTON**, brasileiros, menores impúberes, **representados por sua genitora, MONALISA**, brasileira, solteira, dançarina, inscrita no Cadastro de Pessoas Físicas sob o nº, portadora do documento de identidade nº, monalisa@servidor.com.br, todos residentes e domiciliados no Endereço, Feira de Santana/BA, CEP, vem, por seu advogado constituído mediante procuração em anexo, propor **AÇÃO DE ALIMENTOS COM PEDIDO DE ALIMENTOS PROVISÓRIOS** em face de **IGOR**, brasileiro, solteiro, músico, inscrito no Cadastro de Pessoas Físicas sob o nº, igor@servidor, residente e domiciliado no Endereço, Salvador, Bahia, CEP, pelos fatos e fundamentos a seguir:
>
> **1. PEDIDOS LIMINARES**
>
> **1.1 DA GRATUIDADE DA JUSTIÇA**
>
> Os autores requerem, nos termos dos arts. 1º da Lei 5.478/1968 (Lei de Alimentos) e 98 do Código de Processo Civil (CPC), o deferimento da gratuidade da justiça, visto que sua situação econômica não lhes permite pagar as custas do processo ou suportar o eventual ônus sucumbencial sem prejuízo do sustento próprio, como evidenciam os documentos em anexo.
>
> **1.2 DOS ALIMENTOS PROVISÓRIOS**
>
> Com fundamento no art. 4º da Lei de Alimentos, os autores requerem, de imediato, o deferimento de alimentos provisórios, a serem pagos pelo Réu.
>
> Urge destacar que além das despesas ordinárias, os autores são beneficiários de plano de saúde que, há dois meses, a duras penas, passou a ser adimplido por sua genitora, como demonstra a documentação em anexo.
>
> Vale mencionar que o segundo autor apresenta severo quadro de asma (vide relatório médico em anexo), não podendo se ver privado de seu plano de saúde.

É salutar destacar que nossos Tribunais já fixaram entendimento no sentido de determinar o custeio de planos de saúde no âmbito dos alimentos provisórios, conforme julgado exemplificativo abaixo:

> **DIREITO PROCESSUAL CIVIL. ALIMENTOS PROVISÓRIOS. FIXAÇÃO. PARÂMETROS LEGAIS ATENDIDOS. CÔMPUTO DO VALOR DO PLANO DE SAÚDE DAS ALIMENTANDOS CUSTEADO PELA ALIMENTANTE.** I. Os alimentos provisórios devem ser dimensionados com cautela e moderação, sobretudo em face da incerteza quanto à concreta capacidade econômica do alimentante e à efetiva necessidade do alimentando. II. Deve ser mantida a decisão judicial que fixa os alimentos provisórios mediante a adequada ponderação, no plano da cognição sumária, dos meios de prova concernentes às necessidades das alimentandas e às possibilidades da alimentante. III. **O valor despendido pela alimentante com plano de saúde para as alimentandas tem cunho alimentício e assim deve ser computado no dimensionamento dos alimentos provisórios. IV. Recurso conhecido e parcialmente provido**. (TJ-DF 07144605220188070000 - Segredo de Justiça 0714460-52.2018.8.07.0000, Relator: JAMES EDUARDO OLIVEIRA, Data de Julgamento: 26/06/2019, 4ª Turma Cível, Data de Publicação: Publicado no PJe : 15/07/2019 . Pág.: Sem Página Cadastrada.)

Sendo assim, os autores requerem a fixação de alimentos provisórios a serem pagos pelo Réu no importe equivalente a 02 (dois) salários mínimos, a serem depositados na conta corrente de titularidade da representante legal dos menores (DADOS BANCÁRIOS), além da obrigação de realizar o pagamento das mensalidades de seus planos de saúde nas datas dos respectivos vencimentos.

1.3 DA EXPEDIÇÃO DE OFÍCIOS À RECEITA FEDERAL

Os artigos 19 e 20 da Lei de Alimentos conferem amplos e importantes poderes instrutórios ao magistrado:

> Art. 19. **O juiz, para instrução da causa** ou na execução da sentença ou do acordo**, poderá tomar todas as providências necessárias para seu esclarecimento** ou para o cumprimento do julgado ou do acordo, inclusive a decretação de prisão do devedor até 60 (sessenta) dias.

Art. 20. **As repartições públicas, civis ou militares, inclusive do Imposto de Renda, darão todas as informações necessárias à instrução dos processos previstos nesta lei** e à execução do que for decidido ou acordado em juízo.

Os grifos deixam claros que os magistrados, ao se depararem com uma ação de alimentos, apresentam amplos poderes para determinar a produção de provas que possam demonstrar da forma mais precisa e justa possível as necessidades dos alimentandos e, principalmente, as possibilidades dos alimentantes.

No caso dos autos, como se verifica da documentação acostada e restará assente no item fático, o Réu apresenta rendimentos variáveis, mas consistentes, na medida em que é artista com profícua produção, sendo certo que é imperioso à expedição de ofício à Receita Federal para que traga aos autos as 02 (duas) últimas declarações de Imposto de Renda de Pessoa Física do Réu.

2. DOS FATOS

Os menores autores são filhos do Réu, conforme demonstram as certidões de nascimento em anexo, nascendo da união entre este e sua genitora.

O fato é que, logo após o término do relacionamento mantido entre o Réu e a representante legal dos Autores, há cerca de 06 (seis) meses, estes convencionariam que o primeiro arcaria com os planos de saúde dos menores, contribuiria com valor equivalente a 01 (um) salário mínimo e com os medicamentos do 1º Autor, que, por sofrer de quadro crônico de asma, demanda cuidados constantes (relatório médico em anexo).

Entretanto, há cerca de 03 (três) meses, o Acionado deliberadamente não vem cumprindo suas obrigações paternas, deixando seus filhos à própria sorte e exclusivamente sob os cuidados materiais e afetivos de sua genitora, tendo afirmado a esta, por intermédio de mensagem de WhatsApp, que "*só vou pagar o que a justiça mandá*" (sic – tela do diálogo e ata notarial em anexo).

Além do descaso paterno, a situação da genitora dos Autores tornou-se ainda mais difícil há 02 (dois) meses, já que perdeu seu emprego como dançarina, sendo certo que, até o presente momento, sequer recebeu suas verbas trabalhistas, vendo-se obrigada, inclusive, a intentar reclamação para ver respeitados seus direitos laborais (cópia da CTPS e da reclamação trabalhista da representante legal dos menores em anexo).

A questão é que as necessidades dos menores autores não podem esperar a boa vontade do Réu, sendo certo que as despesas recorrentes se acumulam.

Como bem demonstram os recibos de supermercado, de contas de consumo, o contrato de aluguel da genitora dos menores, com quem estes residem, os boletos dos planos de saúde dos autores e toda a documentação referente às despesas geradas por estes, todos em anexo, podemos afirmar que os menores autores geram gastos mensais no importe equivalente a aproximadamente R$4.000,00 (quatro mil reais), o que fica mais claro com a tabela a seguir:

DESPESA	VALOR
2/3 MORADIA	R$850,00
2/3 LUZ	R$150,00
2/3 AGUA	R$50,00
ALIMENTAÇÃO	R$800,00
VESTUÁRIO	R$250,00
MEDICAÇÃO	R$350,00
PLANOS DE SAÚDE	R$750,00
LAZER	R$400,00
CRECHE	R$400,00
TOTAL DOS GASTOS	**R$4.000,00**

Atualmente todos estes valores vem sendo assumidos pela genitora dos autores, que já está prestes a esgotar todas as suas reservas financeiras para prover o sustento dos seus filhos sozinha.

Por seu turno, cumpre destacar que o Réu é um conhecido músico, integrante de banda com repercussão nacional, como se infere da documentação acostada, realizando extensa agenda de shows e eventos por todo o país.

Apesar de não ser possível precisar de forma efetiva os rendimentos mensais aferidos pelo Réu, é facilmente inferível que este apresenta amplas possibilidades de arcar com suas obrigações paternas, algo ainda mais evidente quando notamos a rotina recheada de luxos e extravagâncias evidenciada pelas fotos em anexo, extraídas das suas redes sociais (acompanhadas de ata notarial também inclusa).

Assim é que, diante da desídia do Réu e do cenário de grandes dificuldades que vivem os Autores, buscam a guarida do Poder Judiciário, pelos fatos apresentados e fundamentos que passamos a expor.

3. DO DIREITO

A presente ação encontra importante fundamento no art. 2º da já citada Lei de Alimentos:

> Art. 2º. O credor, pessoalmente, ou por intermédio de advogado, dirigir-se-á ao juiz competente, qualificando-se, e exporá suas necessidades, provando, apenas o parentesco ou a obrigação de alimentar do devedor, indicando seu nome e sobrenome, residência ou local de trabalho, profissão e naturalidade, quanto ganha aproximadamente ou os recursos de que dispõe.

Reforçando os preceitos contidos no referido dispositivo de lei, nosso Código Civil traz o art. 1.694, *caput* e §1º, que são ainda mais claros sobre os contornos da ação de alimentos:

> Art. 1.694. Podem os parentes, os cônjuges ou companheiros pedir uns aos outros os alimentos de que necessitem para viver de modo compatível com a sua condição social, inclusive para atender às necessidades de sua educação.

Vejam que os textos legais destacam que os alimentos serão fixados segundo as necessidades dos alimentandos e nas proporções das possibilidades do alimentante, o chamado binômio "necessidade x possibilidade".

Sobre as necessidades dos Autores, menores em tenra idade, é salutar destacar o entendimento sedimentado no Superior Tribunal de Justiça, que fixou precedente no sentido de entender pela sua presunção, algo que se mantém até os dias atuais, como demonstra trecho em destaque de julgado bastante recente:

> "Cumpre observar que, por se tratar de menor impúbere, a necessidade da alimentada é presumida e, portanto, não depende de comprovação, já que decorre de gastos naturais com alimentação, habitação, lazer, saúde, educação, vestuário etc."
> (STJ - REsp: 1638328 MG 2016/0300480-3, Relator: Ministro MARCO AURÉLIO BELLIZZE, Data de Publicação: DJ 11/10/2018)

Ainda assim, no caso dos autos, ao longo de todo o item fático, as necessidades dos autores restaram evidenciadas e até mesmo quantificadas, por intermédio da documentação ora acostada.

As possibilidades do Réu, segundo requisito para imposição do dever de prestar alimentos, também se mostram evidentes quando notamos sua agitada agenda profissional, assim como sua rotina repleta de viagens, festas e ostentação.

Outrossim, até mesmo para evidenciar de forma ainda mais precisa suas reais possibilidades, entendemos ser fundamental para um arbitramento mais preciso da obrigação alimentar a ser fixada o envio de ofícios à Receita Federal para que traga as duas últimas declarações de imposto de renda do Réu, conforme autoriza o já citado art. 20 da Lei de Alimentos, quando foi realizado requerimento liminar neste sentido, o que reforçamos aqui.

De qualquer modo, uma vez evidenciados os requisitos para fixação dos alimentos, basta apenas quantificá-los.

A documentação inclusa serve como importante balizador para tanto, trazendo as necessidades mais básicas dos menores, servindo como piso para fixação da pensão a ser paga pelo Réu.

Ademais, caso se verifique que os rendimentos do Réu demonstrem possibilidades de garantir aos Autores mais conforto, possibilitando uma melhor educação, uma formação com mais atividades extracurriculares, melhor assistência médica, mais opções de lazer, entendemos como medida de justiça a fixação de alimentos em valor apto a garantir isso.

Em situações similares, nosso Tribunal vem decidindo no sentido de garantir à cada alimentando valor em torno de 20% (vinte por cento) dos rendimentos do alimentante, como demonstra o julgado abaixo:

> DIREITO DE FAMÍLIA. **AÇÃO DE ALIMENTOS. PROCEDÊNCIA. VERBA ALIMENTAR. FIXAÇÃO EM VALOR EQUIVALENTE A 22% (VINTE E DOIS POR CENTO) DOS RENDIMENTOS LÍQUIDOS DO DEMANDADO.** APELAÇÃO. PRESENÇA DOS PRESSUPOSTOS DE ADMISSIBILIDADE. PRETENSÃO INACOLHÍVEL DE REDUÇÃO DA VERBA ALIMENTAR. DEFESA EMBASADA EM MEROS E FRÁGEIS ARGUMEN-

TOS. ALEGAÇÃO NÃO DEMONSTRADA DE FALTA DE CONDIÇÕES FINANCEIRAS. **SENTENÇA PROFERIDA EM CONSONÂNCIA COM ELEMENTOS CARREADOS PARA OS AUTOS E LEGISLAÇÃO EM VIGOR. RECURSO IMPROVIDO**. (TJ-BA - APL: 03424995420138050001, Relator: Lícia de Castro L. Carvalho, Primeira Câmara Cível, Data de Publicação: 11/03/2019)

Assim, urge a fixação de alimentos em valor equivalente a 20% (vinte por cento) dos rendimentos do Réu para cada Autor, respeitado o valor total mínimo equivalente a 02 (dois) salários mínimos, para a remota hipótese dos percentuais pretendidos serem inferiores a este montante, além da obrigação de realizar o pagamento dos planos de saúde dos menores Autores.

4. DOS PEDIDOS

Ante todo o exposto, requerem os autores:

(i) **Inicialmente**, o deferimento da gratuidade da justiça, nos termos do item 1.1 da presente exordial.

(ii) **Liminarmente**, sem audição da parte contrária:

   a. Arbitramento de **alimentos provisórios** a serem pagos pelo Réu em favor dos menores Autores no importe equivalente a 02 (dois) salários mínimos, mediante depósito na conta de titularidade da representante legal e genitora dos menores, além da imposição de pagamento dos planos de saúde dos menores pelo Réu, conforme item 1.2 da presente peça; e

   b. **Expedição de ofício à Receita Federal** para que traga aos autos as 02 (duas) últimas declarações de imposto de renda do Réu, conforme item 1.3 da presente inicial.

(iii) **A designação de audiência mediação e conciliação** prevista no art. 395 do CPC, com a citação do Réu para que compareça à assentada, sendo alertado que caso não compareça ou não haja transação, seu prazo para **contestar** a presente ação se iniciará na data da referida assentada, conforme art. 335, I do CPC, bem como que, para a hipótese de não apresentação da contestação no prazo legal, será decretada sua **revelia**, nos termos do art. 344 do CPC.

(iv) A **intimação do Ministério Público** para que intervenha no feito, a teor do art. 178 do CPC.

(v) **No mérito**, conforme itens 2 e 3 da presente, sejam julgados procedentes os pedidos para condenar o Réu ao pagamento de alimentos definitivos:
   a. no importe equivalente a 20% (vinte por cento) de seus rendimentos **para cada Autor**; mais o dever de pagar as mensalidades dos planos de saúde dos Autores ou
   b. **Alternativamente,** equivalentes a 02 (dois) salários mínimos, mais o dever de pagar as mensalidades dos planos de saúde dos Autores, caso o total dos percentuais indicados na alínea anterior sejam inferiores a este montante.

(iii) Ademais, a condenação do Réu ao pagamento de honorários de sucumbência, equivalentes a 20% (vinte por cento) do total da condenação, com fulcro no art. 85, §2º do CPC.

(iv) A **produção de provas** documental, inclusive em contraprova, depoimento pessoal das partes, e sob pena de confissão, testemunhal, cujo rol será juntado oportunamente.

Atribui-se à causa o valor de R$32.952,00 (trinta e dois mil novecentos e cinquenta e dois reais), conforme art. 292, III do CPC.

Nestes termos, pede e espera deferimento.

Feira de Santana, DATA.

Nome Completo do Advogado
OAB

3.9 Modelo com subtítulos

Como mencioneis, peticionar não é um esquema fechado. Isso significa que, a partir de um mesmo caso as hipóteses são infinitas. Até aqui, trabalhei a forma mais tradicional de peticionamento inicial, focada essencialmente na visão *tridimensional* comumente dada às petições iniciais, que concentra o mérito na estrutura "*Fato x Direito x Pedidos*".

Ao destacar os outros elementos essenciais de uma petição, vimos que, na verdade, a estrutura básica da petição inicial vai além disso, já que traz outros elementos como endereçamento, a qualificação das partes e indicação da ação (cabeçalho), pedidos liminares (gratuidade de justiça, tutelas de evidência, de urgência, etc., quando for o caso) e valor da causa.

Contudo, os pontos que mais variam nas petições iniciais de advogado para advogado residem nos fatos e no direito, por representarem o mérito da lide. Em causas mais simples, sem grande conteúdo fático, que se demonstram de forma mais simples, apresentar estes fatos num tópico isolado, próprio, como fizemos no caso anterior, é bastante comum. O mesmo raciocínio vale para as lides calcadas em fundamentos mais simples, que não demandem pretensões diversas.

Ainda assim, é possível encaixar uma lide mais simples numa estrutura com mais tópicos. É o que faremos, usando o mesmo caso trabalhado nos subitens anteriores. Como o caso trabalhado será o mesmo, endereçamento, cabeçalho e pedidos liminares não terão mudanças. Os pedidos e o valor da causa também continuarão os mesmos. Eis a estrutura da peça a seguir

---

Endereçamento (art. 319, inciso I, CPC)

Cabeçalho, com indicação e qualificação completa de autor e réu, assim como da ação proposta. (art, 319, inciso II, CPC)

Gratuidade da justiça (arts. 98, CPC e 2º da Lei de Alimentos)

Alimentos provisórios (art. 4º da Lei de Alimentos)

Mérito (fatos e fundamentos jurídicos, art. 319, inciso III, CPC)

  (i) a relação de parentesco entre as partes;
  (ii) as necessidades dos menores autores;
  (iii) as possibilidades do réu e o abandono dos autores pelo réu; e
  (iv) a quantificação dos alimentos

Pedidos (art. 319, inciso IV, CPC)

Indicação das provas a serem produzidas (art. 319, inciso VI, CPC)

Valor da Causa (art. 319, inciso V, CPC)

Feitas tais considerações, vamos ao nosso modelo:

UMA DAS VARAS DE FAMÍLIA, SUCESSÕES, ÓRFÃOS E INTERDITOS DA COMARCA DE FEIRA DE SANTANA/BA

RAIMUNDO e ELEILTON, brasileiros, menores impúberes, **representados por sua genitora, MONALISA**, brasileira, solteira, dançarina, inscrita no Cadastro de Pessoas Físicas sob o n°, portadora do documento de identidade n°, monalisa@servidor.com.br, todos residentes e domiciliados no Endereço, Feira de Santana/BA, CEP, vem, por seu advogado constituído mediante procuração em anexo, propor **AÇÃO DE ALIMENTOS COM PEDIDO DE ALIMENTOS PROVISÓRIOS** em face de **IGOR**, brasileiro, solteiro, músico, inscrito no Cadastro de Pessoas Físicas sob o n°, igor@servidor, residente e domiciliado no Endereço, Salvador, Bahia, CEP, pelos fatos e fundamentos a seguir:

1. PEDIDOS LIMINARES

1.1 DA GRATUIDADE DA JUSTIÇA

Os autores requerem, nos termos dos arts. 1° da Lei 5.478/1968 (Lei de Alimentos) e 98 do Código de Processo Civil (CPC), o deferimento da gratuidade da justiça, visto que sua situação econômica não lhes permite pagar as custas do processo ou suportar o eventual ônus sucumbencial sem prejuízo do sustento próprio, como evidenciam os documentos em anexo.

1.2 DOS ALIMENTOS PROVISÓRIOS

Com fundamento no art. 4° da Lei de Alimentos, os autores requerem, de imediato, o deferimento de alimentos provisórios, a serem pagos pelo Réu.

Urge destacar que além das despesas ordinárias, os autores são beneficiários de planos de saúde que, há dois meses, a duras penas, passou a ser adimplido por sua genitora, como demonstra a documentação em anexo.

Vale destacar que o segundo autor apresenta severo quadro de asma (vide relatório médico em anexo), não podendo se ver privado de seu plano de saúde.

É salutar destacar que nossos Tribunais já fixaram entendimento no sentido de determinar o custeio de planos de saúde no âmbito dos alimentos provisórios, conforme julgado exemplificativo abaixo:

> **DIREITO PROCESSUAL CIVIL. ALIMENTOS PROVISÓRIOS. FIXAÇÃO. PARÂMETROS LEGAIS ATENDIDOS. CÔMPUTO DO VALOR DO PLANO DE SAÚDE DAS ALIMENTANDOS CUSTEADO PELA ALIMENTANTE.** I. Os alimentos provisórios devem ser dimensionados com cautela e moderação, sobretudo em face da incerteza quanto à concreta capacidade econômica do alimentante e à efetiva necessidade do alimentando. II. Deve ser mantida a decisão judicial que fixa os alimentos provisórios mediante a adequada ponderação, no plano da cognição sumária, dos meios de prova concernentes às necessidades das alimentandas e às possibilidades da alimentante. III. **O valor despendido pela alimentante com plano de saúde para as alimentandas tem cunho alimentício e assim deve ser computado no dimensionamento dos alimentos provisórios. IV. Recurso conhecido e parcialmente provido**. (TJ-DF 07144605220188070000 - Segredo de Justiça 0714460-52.2018.8.07.0000, Relator: JAMES EDUARDO OLIVEIRA, Data de Julgamento: 26/06/2019, 4ª Turma Cível, Data de Publicação: Publicado no PJe : 15/07/2019 . Pág.: Sem Página Cadastrada.)

Sendo assim, os autores requerem a fixação de alimentos provisórios a serem pagos pelo Réu no importe equivalente a 02 (dois) salários mínimos, a serem depositados na conta corrente de titularidade da representante legal dos menores (DADOS BANCÁRIOS), além da obrigação de realizar o pagamento das mensalidades de seus planos de saúde nas datas dos respectivos vencimentos.

1.3 DA EXPEDIÇÃO DE OFÍCIOS À RECEITA FEDERAL

Os artigos 19 e 20 da Lei de Alimentos conferem amplos e importantes poderes instrutórios ao magistrado:

> Art. 19. **O juiz, para instrução da causa** ou na execução da sentença ou do acordo**, poderá tomar todas as providências necessárias para seu esclarecimento** ou para o cumprimento do julgado ou do acordo, inclusive a decretação de prisão do devedor até 60 (sessenta) dias.

Art. 20. **As repartições públicas, civis ou militares, inclusive do Imposto de Renda, darão todas as informações necessárias à instrução dos processos previstos nesta lei** e à execução do que for decidido ou acordado em juízo.

Os grifos deixam claros que os magistrados, ao se depararem com uma ação de alimentos, apresentam amplos poderes para determinar a produção de provas que possam demonstrar da forma mais precisa e justa possível as necessidades dos alimentandos e, principalmente, as possibilidades dos alimentantes.

No caso dos autos, como se verifica da documentação acostada e restará assente no item fático, o Réu apresenta rendimentos variáveis, mas consistentes, na medida em que é artista com profícua produção, sendo certo que é imperioso à expedição de ofício à Receita Federal para que traga aos autos as 02 (duas) últimas declarações de Imposto de Renda de Pessoa Física do Réu

2. DO MÉRITO

A presente ação encontra fundamento na Lei de Alimentos, valendo destacar o que dispõe o seu art. 2º:

> Art. 2º. O credor, pessoalmente, ou por intermédio de advogado, dirigir-se-á ao juiz competente, qualificando-se, e exporá suas necessidades, provando, apenas o parentesco ou a obrigação de alimentar do devedor, indicando seu nome e sobrenome, residência ou local de trabalho, profissão e naturalidade, quanto ganha aproximadamente ou os recursos de que dispõe.

Reforçando os preceitos contidos no referido dispositivo de lei, nosso Código Civil traz o art. 1.694, *caput* e §1º, dispositivos ainda mais claros, que trazem o cerne da ação de alimentos:

> Art. 1.694. Podem os parentes, os cônjuges ou companheiros pedir uns aos outros os alimentos de que necessitem para viver de modo compatível com a sua condição social, inclusive para atender às necessidades de sua educação.

A partir da dicção dos mencionados dispositivos, extraímos os principais pontos da ação de alimentos: (i) a relação de parentesco que dá ensejo à obrigação alimentar; (ii) as necessidades dos alimentandos; (iii) as possibilidades do alimentante; e (iv) a quantificação dos alimentos. E são esses pontos que passamos a demonstrar de forma pormenorizada.

2.1 A RELAÇÃO DE PARENTESCO ENTRE AS PARTES E O ABANDONO DOS AUTORES PELO RÉU

Os menores autores são filhos do Réu, conforme demonstram as certidões de nascimento em anexo, nascendo da união entre este e sua genitora e, na presente lide, representante legal.

O fato é que, logo após o término do relacionamento mantido entre o Réu e a representante legal dos Autores, há cerca de 06 (seis) meses, estes convencionariam que o primeiro arcaria com os planos de saúde dos menores, contribuiria com valor equivalente a 01 (um) salário mínimo e com os medicamentos do 1º Autor, que, por sofrer de quadro crônico de asma, demanda cuidados constantes (relatório médico em anexo).

Entretanto, há cerca de 03 (três) meses, o Acionado deliberadamente não vem cumprindo suas obrigações paternas, deixando seus filhos à própria sorte e exclusivamente sob os cuidados materiais e afetivos de sua genitora, tendo afirmado a esta, por intermédio de mensagem de WhatsApp, que "*só vou pagar o que a justiça mandá*" (sic – tela do diálogo e ata notarial em anexo).

Além do descaso paterno, a situação da genitora dos Autores tornou-se ainda mais difícil há 02 (dois) meses, já que perdeu seu emprego como dançarina, sendo certo que, até o presente momento, sequer recebeu suas verbas trabalhistas, vendo-se obrigada, inclusive, a intentar reclamação para ver respeitados seus direitos laborais (cópia da CTPS e da reclamação trabalhista da representante legal dos menores em anexo).

A questão é que as necessidades dos menores autores não podem esperar a boa vontade do Réu, sendo certo que as despesas recorrentes se acumulam, não lhe restando outra alternativa senão o ajuizamento da presente ação, passando a demonstrar as necessidades dos menores autores e as possibilidades do Réu.

2.2 AS NECESSIDADES DOS MENORES AUTORES

Analisando os autos, notamos que os menores autores têm apenas 02 (dois) e 04 (quatro) anos de idade, de modo que, a teor do entendimento sedimentado no Superior Tribunal de Justiça (STJ), suas necessidades são presumidas, como evidencia o julgado abaixo, alvo do Informativo Jurisprudencial nº 518 do STJ:

"Com efeito, *durante a menoridade*, quando os filhos estão sujeitos ao poder familiar - na verdade, conjunto de deveres dos pais, inclusive o de sustento - *há presunção de dependência dos filhos, que subsiste caso o alimentando, por ocasião da extinção do poder familiar, esteja frequentando regularmente curso superior ou técnico*, todavia passa a ter fundamento na relação de parentesco, nos moldes do artigo 1.694 e seguintes do Código Civil." (REsp 1312706/AL, Rel. Ministro LUIS FELIPE SALOMÃO, QUARTA TURMA, julgado em 21/02/2013, DJe 12/04/2013)

Contudo, ainda que haja a presunção acerca das necessidades dos menores, estas restam facilmente demonstráveis, a partir dos recibos de supermercado, de contas de consumo, do contrato de aluguel da genitora dos menores, com quem estes residem, dos boletos dos planos de saúde dos autores e toda a documentação referente às despesas geradas por estes, todos em anexo, podemos afirmar que os menores autores geram gastos mensais no importe equivalente a aproximadamente R$4.000,00 (quatro mil reais), o que fica mais claro com a tabela a seguir:

DESPESA	VALOR
2/3 MORADIA	R$850,00
2/3 LUZ	R$150,00
2/3 AGUA	R$50,00
ALIMENTAÇÃO	R$800,00
VESTUÁRIO	R$250,00
MEDICAÇÃO	R$350,00
PLANOS DE SAÚDE	R$750,00
LAZER	R$400,00
CRECHE	R$400,00
TOTAL DOS GASTOS	**R$4.000,00**

Ou seja, apesar da presunção legal acerca das necessidades dos menores autores, as provas colacionadas demonstram claramente as necessidades básicas das crianças, valendo destacar que este levantamento traz uma realidade bastante diferente das que as crianças tinham quando seus pais viviam juntos, servindo como referencial mínimo.

Veja, Excelência, que não há grandes valores para lazer e vestuário, sendo certo que, em breve, estas necessidades devem aumentar bastante, já que os menores autores, notadamente o mais velho, aproximam-se da idade escolar.

O fato é que, atualmente todos estes valores vem sendo assumidos pela genitora dos autores, que já está prestes a esgotar todas as suas reservas financeiras para prover o sustento dos seus filhos sozinha, situação esta que não pode perdurar, principalmente diante do dever paterno em contribuir com seu sustento, de modo que passamos, a partir de agora, a demonstrar as amplas possibilidades do Réu para tanto.

2.3 AS POSSIBILIDADES DO RÉU

Como demonstrado, o Réu, de forma deliberada, vem deixando de cumprir com suas obrigações paternas, deixando de auxiliar no sustento de seus dois filhos, tendo afirmado textualmente, quando instado a realizar o pagamento dos valores ajustados verbalmente a título de alimentos com a genitora e representante legal dos Autores que *"só vou pagar o que a justiça mandá"* (sic – tela do diálogo e ata notarial em anexo).

A questão é que, além de sua obrigação legal, o Réu apresenta amplas condições de auxiliar no provimento do sustento dos menores autores, cumprindo destacar que este é um conhecido percussionista, integrante de banda com repercussão nacional, como se infere da documentação acostada, realizando extensa agenda de shows e eventos por todo o país.

Veja, Excelência, sempre de acordo com as fotos extraídas de suas redes sociais, que o Réu usualmente expõe uma vida regada aos mais diversos luxos, enquanto seus filhos são obrigados a viver uma vida sem maiores regalias, o que já serve para evidenciar as possibilidades do Réu.

Ainda assim, já que não é possível inferir de forma exata os rendimentos do Acionado, reforçando o pleito já realizado em caráter liminar, cremos ser fundamental que seja feito uso da prerrogativa conferida à Vossa Excelência pelos já citados arts. 19 e 20 da Lei de Alimentos, no sentido de determinar à Receita Federal que traga as duas últimas declarações de imposto de renda do Acionado.

Isto porque, desta forma, além de precisar os valores recebidos pelo Réu (e suas possibilidades de maneira exata), Vossa Excelência teria elementos para fixar a pensão alimentícia de forma justa, refletindo o binômio "necessidade x possibilidade" de maneira efetiva.

2.4 A QUANTIFICAÇÃO DOS ALIMENTOS

Como mencionado, as necessidades trazidas no item 2.2 da presente cobrem única e tão somente as necessidades mais básicas e mínimas dos menores autores.

Por seu turno, restou evidente que o Réu apresenta amplas possibilidades de prover melhores condições de vida para seus filhos, podendo garantir-lhes maior conforto, melhor educação, uma formação com mais atividades extracurriculares, melhor assistência médica, mais opções de lazer.

Dito isto, e considerando que nosso Tribunal já vem fixando entendimento no sentido de fixar alimentos num patamar equivalente a cerca de 20% (vinte por cento) dos rendimentos do alimentante para cada alimentando, como evidencia o julgado abaixo, cremos que este é um valor justo no presente caso:

> DIREITO DE FAMÍLIA. **AÇÃO DE ALIMENTOS. PROCEDÊNCIA. VERBA ALIMENTAR. FIXAÇÃO EM VALOR EQUIVALENTE A 22% (VINTE E DOIS POR CENTO) DOS RENDIMENTOS LÍQUIDOS DO DEMANDADO**. APELAÇÃO. PRESENÇA DOS PRESSUPOSTOS DE ADMISSIBILIDADE. PRETENSÃO INACOLHÍVEL DE REDUÇÃO DA VERBA ALIMENTAR. DEFESA EMBASADA EM MEROS E FRÁGEIS ARGUMENTOS. ALEGAÇÃO NÃO DEMONSTRADA DE FALTA DE CONDIÇÕES FINANCEIRAS. **SENTENÇA PROFERIDA EM CONSONÂNCIA COM ELEMENTOS CARREADOS PARA OS AUTOS E LEGISLAÇÃO EM VIGOR. RECURSO IMPROVIDO**.
> (TJ-BA - APL: 03424995420138050001, Relator: Lícia de Castro L. Carvalho, Primeira Câmara Cível, Data de Publicação: 11/03/2019)

Assim, urge a fixação de alimentos em valor equivalente a 20% (vinte por cento) dos rendimentos do Réu para cada Autor, respeitado o valor total mínimo equivalente a 02 (dois) salários mínimos, mais a obrigação de realizar o pagamento dos planos de saúde dos menores Autores, para a remota hipótese dos percentuais pretendidos serem inferiores a este montante.

3. DOS PEDIDOS

Ante todo o exposto, requerem os autores:

(i) **Inicialmente**, o deferimento da gratuidade da justiça, nos termos do item 1.1 da presente exordial.

(ii) **Liminarmente**, sem audição da parte contrária:

   a. Arbitramento de **alimentos provisórios** a serem pagos pelo Réu em favor dos menores Autores no importe equivalente a 02 (dois) salários mínimos, mediante depósito na conta de titularidade da representante legal e genitora dos menores, além da imposição de pagamento dos planos de saúde dos menores pelo Réu, conforme item 1.2 da presente peça; e

   b. **Expedição de ofício à Receita Federal** para que traga aos autos as 02 (duas) últimas declarações de imposto de renda do Réu, conforme item 1.3 da presente inicial.

(iii) **A designação de audiência mediação e conciliação** prevista no art. 395 do CPC, com a citação do Réu para que compareça à assentada, sendo alertado que caso não compareça ou não haja transação, seu prazo para **contestar** a presente ação se iniciará na data da referida assentada, conforme art. 335, I do CPC, bem como que, para a hipótese de não apresentação da contestação no prazo legal, será decretada sua **revelia**, nos termos do art. 344 do CPC.

(iv) A **intimação do Ministério Público** para que intervenha no feito, a teor do art. 178 do CPC.

(v) **No mérito**, conforme item 2 da presente, sejam julgados procedentes os pedidos para condenar o Réu ao pagamento de alimentos definitivos:

   a. no importe equivalente a 20% (vinte por cento) de seus rendimentos **para cada Autor**; ou

   b. **Alternativamente,** equivalentes a 02 (dois) salários mínimos, mais o dever de pagar as mensalidades dos planos de saúde dos Autores, caso o total dos percentuais indicados na alínea anterior sejam inferiores a este montante.

(vi) A **produção de provas** documental, inclusive em contraprova, depoimento pessoal das partes, e sob pena de confissão, testemunhal, cujo rol será juntado oportunamente.

Atribui-se à causa o valor de R$32.952,00 (trinta e dois mil novecentos e cinquenta e dois reais), conforme art. 292, III do CPC.

Nestes termos, pede e espera deferimento.

Feira de Santana, DATA.

Nome Completo do Advogado
OAB

4 OUTROS CASOS E MODELOS

Neste capítulo traremos outros casos práticos envolvendo a ação de alimentos. Optei por 03 (três) casos bastantes comuns, fundados também em entendimentos jurisprudenciais: **(i)** ação de alimentos movida por filho maior de idade matriculado em curso superior em face de um dos pais, **(ii)** de neto contra avós e **(iii)** uma outra movida por ex-cônjuge.

Antes trarei um documento que chamo de *esboço*, um grande resumo, baseado na estrutura mais tradicional das peças ("Fato x Direito x Pedido"), com os tópicos mais comuns e resumos das dicas e orientações trazidas até aqui. Creio que este esboço pode servir de auxílio para vocês desenvolverem suas próprias petições iniciais no futuro.

Ainda sobre o *esboço*, costumo vê-lo como um grande guia para a confecção da peça, mantendo a estrutura básica da petição inicial e explicando, dentro de cada item, como desenvolver aquele ponto. Este é o modo como trabalho com os alunos do Núcleo de Práticas Jurídicas onde atuo, dando liberdade para desenvolver os itens com mais liberdade.

Reputo este *esboço* mais eficaz do que simplesmente apresentar o modelo para o aluno ou advogado, já que, a partir de um modelo, há um claro direcionamento sobre a forma de se redigir aquela peça. Pude notar que ao trabalhar um modelo, o aluno tendia a manter a redação básica quase inalterada, apenas trazendo as particularidades dos casos no qual trabalha

Acho importante que sejam lidas outras peças, para que o aluno ou advogado recém-formado entenda como outros profissionais estruturam suas peças, para ter familiaridade com o ato de peticionar em si. Mas este exercício deve ser feito com cuidado, já que é importante que cada um forje seu próprio estilo, sem se prender à forma como outros advogados escrevem.

Feitas estas considerações, passo a apresentar cada um dos documentos prometidos. Vamos a eles.

4.1 Esboço explicativo na estrutura tradicional (fato x direito x pedido)

ENDEREÇAMENTO

1) Verificar as regras de competência no CPC, que no caso da ação de alimentos estão prescritas no art. 53, II.
2) Uma vez identificado o Tribunal competente, verificar na respectiva LOJ a estrutura judiciária local para endereçar para o foro/vara correto(a), lembrando que, a teor do art. 319, I, CPC, a ação deve ser endereçada para o juízo.

NOME COMPLETO, nacionalidade, (caso a parte seja menor, indicar o representante/assistente, qualificando-o), estado civil, profissão, inscrita no Cadastro de Pessoas Físicas sob o nº, portador do documento de identidade nº, endereço eletrônico, todos residentes e domiciliados no Endereço, vem, por seu advogado constituído mediante procuração em anexo, propor **AÇÃO DE ALIMENTOS** em face de **NOME COMPLETO**, nacionalidade, estado civil, profissão, inscrito no Cadastro de Pessoas Físicas sob o nº, portador do documento de identidade nº, endereço eletrônico, residente e domiciliado no Endereço, pelos fatos e fundamentos a seguir:

1) No caso do cabeçalho, os dados da qualificação estão contidos no art. 319, II, do CPC, valendo destacar que trago o documento de identidade da parte autora, que não consta na relação do mencionado dispositivo, por conta de uma exigência do sistema E-SAJ do TJBA, de modo que creio ser prudente buscar essa informação do seu constituinte.
2) No caso do Réu não é mandatório que sejam indicados todos os dados, já que muitas vezes a parte autora não dispõe de todas estas informações, conforme preveem os parágrafos do art. 319. Contudo, reputo crucial que seja indicado o endereço, para trazer efetividade à ação de alimentos.

1. PEDIDOS LIMINARES

1.1 DA GRATUIDADE DA JUSTIÇA

1) Os fundamentos para requerimento da concessão da gratuidade da justiça estão contidos nos arts. 1º da Lei 5.478/1968 (Lei de Alimentos) e 98 do Código de Processo Civil (CPC).
2) Apesar da presunção legal, caso haja documentos que demonstrem de forma cabal a impossibilidade de arcar com as custas processuais, reputo importante que sejam mencionados e apresentados.

1.2 Dos alimentos provisórios

1) Os fundamentos para deferimento dos alimentos provisórios estão contidos no art. 4º da Lei de alimentos.
2) O referido artigo trata a fixação de alimentos provisórios como regra, valendo lembrar que, no caso de alimentos pretendidos por menores em face de qualquer um de seus pais, há uma presunção legal de sua necessidade, bastando, aqui, demonstrar essa relação "pai x filho" ou "mãe x filho".
3) Caso a pretensão alimentar seja baseada noutra relação de parentesco ou noutro fundamento legal, penso que é importante trazer elementos, neste ponto, que embasem o requerimento, ainda que de forma mais resumida do que nos itens seguintes.

1.3 Dos ofícios à Receita Federal

1) O artigo 20 da Lei de Alimentos autoriza o magistrado a determinar que repartições públicas, inclusive a Receita Federal, traga aos autos informações sobre os Réus das ações de alimentos.
2) Este requerimento em caráter de urgência me parece fundamental em ações envolvendo alimentantes autônomos, empresários que não apresentem vínculo celetista, ou até mesmo para aqueles que, além de um vínculo celetista, exerçam outras atividades remuneradas, já que trazem provas importantes sobre as possibilidades dos Réus.

2 DOS FATOS

1) O art. 319, III, CPC, em sua primeira parte, determina que a petição inicial indicará o conteúdo fático da lide.
2) Fato se relaciona com prova, de modo que, aqui, é importante sempre fazer essa correlação "fato x prova", indicando, após trazer uma questão fática, a prova que o demonstre (um documento que já acompanhe a inicial, por exemplo) ou que será usada ao longo do processo para demonstra-lo (uma testemunha, uma perícia, o documento eventualmente trazido pela Receita Federal, por exemplo).
3) Este não é o local para fazer citações de dispositivos legais, ainda que seja importante que tenha em mente os dispositivos que trabalhará mais adiante para já apresentar os fatos que encaixará nestes dispositivos à frente.
4) No caso da ação de alimentos, por exemplo, é importante ter em mente o que dispõem os arts. 2º da Lei de Alimentos e 1.694 do Código Civil, que impõe ao alimentando o dever de demonstrar o grau de parentesco ou obrigação legal com/do alimentante, as próprias necessidades e as possibilidades do alimentante. Se for fundar sua pretensão num precedente judicial, num julgado, é importante já apresentar os fatos que são tratados nestes julgados.

3 DO DIREITO

1) O art. 319, III, CPC, em sua segunda parte, determina que a petição inicial indicará os fundamentos jurídicos do pedido.
2) Este é o momento de trazer os fundamentos legais de sua lide, no caso da ação de alimentos, notadamente aqueles constantes da Lei de Alimentos, assim como os arts. 1.694 e seguintes do Código Civil, além de fazer a subsunção entre os fatos apresentados anteriormente e os dispositivos aqui citados.
3) Esta subsunção entre fatos e pedidos é importante, nas ações de alimentos, para quantificar o valor pretendido a este título.
4) Aqui é o momento de trazer precedentes jurisprudenciais, principalmente em ações que fujam do comum. No caso das ações entre pais e filhos menores nas quais não tenha muitas provas sobre as necessidades específicas dos alimentandos, é importante trazer o julgado que sedimenta o entendimento acerca da presunção da necessidade dos filhos menores. Além disso, nestes casos, julgados podem ser importantes para tentar demonstrar patamares fixados em outras situações semelhantes.

4 DOS PEDIDOS

1) O art. 319, IV, CPC, determina que a petição inicial indicará os pedidos e suas especificações.
2) Os pedidos são um reflexo de tudo o que foi tratado na ação. Penso que, por questão de organização, há uma sequência lógica. Eis a minha.
3) Primeiro, apresentar o pedido de gratuidade de justiça, caso aplicável (nas ações de alimentos são quase uma regra).
4) Continuar com apresentação dos pedidos liminares, que antecedem o mérito, destacando as tutelas de urgência (no caso da ação de alimentos, o pedido de alimentos provisórios e, se for o caso, o de expedição de ofícios).
5) Uma vez realizados os pedidos liminares, nos casos que a pretensão alimentar envolver incapazes, por força do disposto no art. 178, II, do CPC, requerer a intimação do Ministério Público.
6) Ainda antes dos pedidos de mérito, requerer a designação da audiência de conciliação prevista no art. 695 do CPC, com a citação do Réu para que compareça e alertas para que, caso não o faça ou que, comparecendo, não transija, seu prazo para contestação de iniciará naquela data, sob pena de revelia, caso não apresente a defesa no prazo do art 335 do CPC, a teor do que dispõe o art. 344 do mesmo diploma legal.
7) No mérito, requerer a procedência dos pedidos, com a indicação clara da obrigação alimentar a ser imposta ao Réu, além de requerer sua condenação ao pagamento de custas e honorários de sucumbência (art. 85 do CPC).
8) Finalizar o tópico requerendo a produção das provas pretendidas.

Atribuir o valor da causa, datar e trazer dados do advogado

1) O art. 319, V, CPC, determina que a petição inicial indicará o valor da causa, que deverá ser calculado de acordo com o art. 292 também do CPC.

4.2 Ação de alimentos movida por filho maior de idade matriculado em instituição de ensino superior em face da sua genitora

Aqui trago um outro caso prático, fundado num entendimento jurisprudencial consolidado há muito tempo, que é a possibilidade de ajuizamento de pretensão alimentar por alimentandos maiores em face de qualquer um de seus genitores, desde que matriculados em instituição de ensino superior ou curso técnico.

O STJ já consolidou este entendimento há muito tempo, estendendo a presunção de necessidade dos filhos menores àqueles maiores, afirmando **"que subsiste caso o alimentando, por ocasião da extinção do poder Familiar, esteja frequentando regularmente curso superior ou técnico"**[23]. Dito isto, vamos ao nosso caso:

> Você está no seu escritório e atenderá uma cliente em potencial, a Sra. Allana, atualmente com 20 anos de idade.
>
> Ela relata que se matriculou recentemente a Escola de Música da Universidade Federal da Bahia, tendo se mudado para Salvador a fim de realizar seu sonho, que sempre foi fazer este curso.
>
> Contudo, afirma que ao deixar a casa de sua genitora, a Sra. Jeovanna, com quem residia na cidade de São Sebastiao do Passé/BA, viu-se à própria sorte, já que esta afirmou que não auxiliaria no seu sustento, em que pese ser renomada advogada e professora universitária, por não aceitar o fato de sua filha ter preterido o Direito para cursar Música.
>
> A Sra. Allana afirma que conseguiu estabelecer moradia em alojamento estudantil e que conseguiu trabalho de 20 horas semanais que lhe garante aproximadamente o equivalente a 50% de um salário mínimo. Afirma, ainda, que não consegue outra atividade laboral neste momento, porque seu curso é matutino, o que limita bastante suas possibilidades de trabalho.
>
> A Sra. Allana informa que seu pai houvera falecido ainda durante sua gestação e que pretende ajuizar ação de alimentos em face de sua mãe.

a) Endereçamento e cabeçalho

Como já vimos, o primeiro passo é identificar o juízo competente, que no caso de alimentos é o domicilio do alimentando (art. 53, II, CPC), no caso proposto Salvador/BA.

---

[23] Trecho de ementa do julgado: REsp 1312706/AL, Rel. Ministro LUIS FELIPE SALOMÃO, QUARTA TURMA, julgado em 21/02/2013, DJe 12/04/2013.

O já citado art. 73, I, "d" da LOJ do TJBA, atribuí às Varas de Família a competência para julgar as ações de alimentos, sendo certo que o seu art. 130, IV prevê a existência de 24 (vinte e quatro) Varas de Família na Comarca de Salvador, de modo que a ação será endereçada para uma destas Varas.

Endereçada a ação, serão identificadas e qualificadas as partes, com a parte autora sendo a Sra. Allana, maior capaz, e a Ré, sua genitora, a Sra. Jeovanna.

b) Gratuidade da justiça e pedidos liminares (alimentos provisórios e expedição de ofícios à Receita Federal)

Ante a ausência de condições da autora em arcar com as custas do processo, urge requerimento de gratuidade da justiça. Além disso, ainda liminarmente, é imperioso o requerimento de deferimento de alimentos provisórios, calcado no exaustivamente citado art. 4º da Lei de Alimentos.

Considerando que há posicionamento jurisprudencial no sentido de entender como presumida a necessidade de alimentante matriculado em instituição de ensino superior, é importante trazer julgado para embasar este pleito, dando preferência para decisão que trate de alimentos provisórios, sendo indispensável fazer referência à comprovação da condição de estudante universitário, mencionando comprovante de matrícula.

No caso proposto, creio ser importante o requerimento de expedição de ofícios à Receita Federal, conforme autoriza o já trabalhado art. 20 da Lei de Alimentos, na medida em que a Ré apresenta múltiplas fontes de renda.

c) Fatos e fundamentos jurídicos do pedido

Considerando que a ação se funda na relação parental, é importante fazer prova dessa relação, com referência aos documentos pessoais das partes, além de reiterar a condição de estudante universitária da Autora, que foi superficialmente trabalhada no item liminar. Outrossim, aqui é importante indicar meios de prova que possam demonstrar as possibilidades da Ré.

Os fundamentos jurídicos estarão contidos nos já mencionados arts. 2º e demais da Lei de Alimentos, assim como no também já trabalhado art. 1.694 e seguintes do Código Civil, além dos precedentes judiciais que embasem o pleito, inclusive o consolidado julgado do STJ.

d) Pedidos e valor da causa

No caso desta ação não há necessidade de participação do Ministério Público, bastando realizar os pleitos de praxe já trabalhados até aqui.

Por fim, serão indicadas as provas a serem produzidas e quantificado o valor da causa, na forma do já trabalhado art. 292 do CPC. Como não sabemos ao certo os rendimentos da parte contrária, calcularemos a anuidade com base no valor da pretensão de 02 (dois) salários mínimos.

UMA DAS VARAS DE FAMÍLIA, SUCESSÕES, ÓRFÃOS E INTERDITOS DA COMARCA DE FEIRA DE SANTANA/BA

ALLANA, brasileira, solteira, estudante, inscrita no Cadastro de Pessoas Físicas sob o nº , portadora do documento de identidade nº , allana@servidor.com.br, residente e domiciliada no Endereço, Salvador, Bahia, CEP, vem, por seu advogado constituído mediante procuração em anexo, propor **AÇÃO DE ALIMENTOS COM PEDIDO DE ALIMENTOS PROVISÓRIOS** em face de **JEOVANNA**, brasileira, solteira, advogada e professora, inscrita no Cadastro de Pessoas Físicas sob o nº, jeovanna@servidor.com.br, residente e domiciliada no Endereço, São Sebastião do Passé, Bahia, CEP, pelos fatos e fundamentos a seguir:

1. PEDIDOS LIMINARES

1.1 DA GRATUIDADE DA JUSTIÇA

A Autora requer, nos termos dos arts. 1º da Lei 5.478/1968 (Lei de Alimentos) e 98 do Código de Processo Civil (CPC), o deferimento da gratuidade da justiça, visto que sua situação econômica não lhe permite pagar as custas do processo ou suportar o eventual ônus sucumbencial sem prejuízo do sustento próprio, como evidenciam os documentos em anexo, notadamente seu contracheque, dando conta que trabalha meio período, com vencimentos pouco superiores a meio salário mínimo.

1.2 DOS ALIMENTOS PROVISÓRIOS

Com fundamento no art. 4º da Lei de Alimentos, a parte autora requer, de imediato, o deferimento de alimentos provisórios, a serem pagos pela Ré.

Analisando a documentação em anexo, constatamos que a parte autora é estudante universitária, encontrando-se cursando o 1º semestre da Faculdade de Música da Universidade Federal da Bahia (UFBA).

Ocorre que, em que pese seu esforço para se manter (mesmo com complexa grade de matérias, conseguiu emprego de meio período, pelo qual recebe valor equivalente a cerca de meio salário mínimo), notadamente a austeridade das suas condições de vida (reside em alojamento estudantil), a Autora vem encontrando sérias dificuldades para prover seu próprio sustento.

Por outro lado, a Ré, renomada advogada da Comarca de São Sebastiao do Passé/BA e professora universitária, apresenta ampla condições de contribuir para o sustento da filha, o que não faz por um capricho, já que nunca apoiou a decisão da filha em seguir a carreira de música.

É salutar destacar que nossos Tribunais já fixaram entendimento no sentido de reconhecer o dever dos pais de auxiliar no sustento dos filhos matriculados em curso superior, já no âmbito dos alimentos provisórios, conforme julgado exemplificativo abaixo:

> DIREITO PROCESSUAL CIVIL. **ALIMENTOS PROVISÓRIOS. FILHA MAIOR DE IDADE MATRICULADA EM CURSO SUPERIOR. OBRIGAÇÃO ALIMENTÍCIA DO GENITOR. RELAÇÃO DE PARENTESCO.** RECURSO PARCIALMENTE PROVIDO. I. A maioridade faz cessar o dever de sustento decorrente do poder familiar, porém não afasta a obrigação alimentar dos pais alicerçada na relação de parentesco, segundo a inteligência dos artigos 1.694 e 1.695 do Código Civil. II. Sobretudo quando o filho, a despeito da maioridade, ainda estuda com o propósito de se qualificar profissionalmente, a princípio não pode ser descartada a obrigação alimentar dos pais. III. **Detectada a necessidade do amparo financeiro à filha, os alimentos provisórios devem ser estipulados em função da capacidade de pagamento extraída dos elementos da causa.** IV. Recurso conhecido e provido em parte. (TJ-DF 07029657920168070000 - Segredo de Justiça 0702965-79.2016.8.07.0000, Relator: JAMES EDUARDO OLIVEIRA, Data de Julgamento: 22/02/2018, 4ª Turma Cível, Data de Publicação: Publicado no DJE : 13/03/2018 . Pág.: Sem Página Cadastrada.)

Sendo assim, a parte autora requer a fixação de alimentos provisórios, a serem pagos pela Ré, no importe equivalente a 02 (dois) salários mínimos, a serem depositados na conta corrente de sua titularidade (DADOS BANCÁRIOS).

1.3 DA EXPEDIÇÃO DE OFÍCIOS À RECEITA FEDERAL

Os artigos 19 e 20 da Lei de Alimentos conferem amplos e importantes poderes instrutórios ao magistrado:

Art. 19. **O juiz, para instrução da causa** ou na execução da sentença ou do acordo**, poderá tomar todas as providências necessárias para seu esclarecimento** ou para o cumprimento do julgado ou do acordo, inclusive a decretação de prisão do devedor até 60 (sessenta) dias.

Art. 20. **As repartições públicas, civis ou militares, inclusive do Imposto de Renda, darão todas as informações necessárias à instrução dos processos previstos nesta lei** e à execução do que for decidido ou acordado em juízo.

Os grifos deixam claros que os magistrados, ao se depararem com uma ação de alimentos, apresentam amplos poderes para determinar a produção de provas que possam demonstrar da forma mais precisa e justa possível as necessidades dos alimentandos e, principalmente, as possibilidades dos alimentantes.

No caso dos autos, como se verifica da documentação acostada e restará assente no item fático, a Ré apresenta rendimentos variáveis, mas consistentes e, pelo padrão de vida evidenciado nas suas redes sociais (documentação inclusa), abundantes, na medida em que é renomada advogada e professora universitária com profícua produção, sendo certo que é imperiosa à expedição de ofício à Receita Federal para que traga aos autos as 02 (duas) últimas declarações de Imposto de Renda de Pessoa Física da Ré.

2. DOS FATOS

A Autora é filha da Ré, conforme demonstra a certidão de nascimento em anexo, valendo destacar, ainda, que seu genitor faleceu durante sua gravidez, como também demonstra certidão de óbito inclusa, de modo que sempre viveu e teve seu sustento provido única e exclusivamente por sua genitora.

Ambas mantinham ótimo relacionamento, o que começou a mudar quando a Autora começou a expor seu sonho de prestar vestibular para a Faculdade de Música da UFBA, já que a Ré sempre quis que a Autora seguisse sua carreira jurídica.

Os atritos agravaram-se quando a Autora prestou (e posteriormente passou e se matriculou no curso) o vestibular pretendido, vindo a se mudar para Salvador a fim de cursar a tão sonhada universidade após sua aprovação.

A questão é que, como denota-se da sua grade curricular em anexo, as disciplinas do curso da Autora tomam todas as tardes e algumas partes das manhãs e dos inícios das noites, o que vem dificultando muito a sua situação e lhe impedindo de conseguir um emprego em tempo integral (só conseguiu o emprego com carga horária semanal de 20 horas, que lhe rende cerca de meio salário mínimo e auxílio transporte, conforme carteira de trabalho e contracheques em anexo).

Estes valores recebidos não vem sendo suficientes para que a parte autora se mantenha de forma minimamente digna, mesmo considerando a vida simples e regrada que vem vivendo, já que mora em abrigo estudantil em regime de meia pensão (apenas com café da manhã e lanche noturno), próximo ao campus onde estuda.

Conforme demonstra comprovante de pagamento em anexo, praticamente todo o valor que ganha a título de salário é utilizado para pagar pelo alojamento, que lhe custa R$500,00 (quinhentos reais) mensais, tendo que viver da ajuda de colegas para prover suas outras necessidades básicas.

Por seu turno, cumpre destacar que a Ré é uma localmente afamada advogada em sua cidade (São Sebastião do Passé/BA), com forte atuação em direito eleitoral, além de professora universitária, como bem evidenciam os recortes de jornais e de redes sociais em anexo.

Adicione-se a isto a badalada vida social vivida pela Ré, repleta de viagens nacionais e internacionais, onde desfruta dos melhores hotéis e restaurantes (novas telas extraídas de suas redes sociais em anexo).

Antecipo que a Autora não pretende alimentos que lhe permitam uma vida de luxo, mas que tão somente lhe permitam sobreviver ao curso superior, para que, quando formada, possa prover sozinha seu próprio sustento, razão pela qual intenta a presente ação, pelos fundamentos que passamos a expor.

3. DO DIREITO

A presente ação encontra fundamento na Lei 5.478/1968 (Lei de Alimentos), valendo destacar o que dispõe o seu art. 2º, que traz os principais aspectos que compõe o objeto da presente lide:

> Art. 2º. O credor, pessoalmente, ou por intermédio de advogado, dirigir-se-á ao juiz competente, qualificando-se, e exporá suas necessidades, provando, apenas o parentesco ou a obrigação de alimentar do devedor, indicando seu nome e sobrenome, residência ou local de trabalho, profissão e naturalidade, quanto ganha aproximadamente ou os recursos de que dispõe.

Reforçando os preceitos contidos no referido dispositivo de lei, nosso Código Civil traz o art. 1.694, *caput* e §1º, que são ainda mais claros e de forma ainda mais clara o cerne da ação de alimentos:

> Art. 1.694. Podem os parentes, os cônjuges ou companheiros pedir uns aos outros os alimentos de que necessitem para viver de modo compatível com a sua condição social, inclusive para atender às necessidades de sua educação.
> § 1o Os alimentos devem ser fixados na proporção das necessidades do reclamante e dos recursos da pessoa obrigada.

Das redações dos dispositivos acima transcritos, notamos que a legislação pátria prevê a ação de alimentos fundada no dever familiar, o que afasta uma espécie de *crença popular* de que o dever de sustento dos pais extinguiria automaticamente após o potencial alimentando atingir a maioridade.

Inclusive, como antecipamos ao tratar dos alimentos provisórios, nossa jurisprudência dominante vem firmando o entendimento acerca da imposição do dever de prover alimentos aos pais de filhos que estejam frequentando curso técnico ou superior, conforme se denota do didático julgado abaixo:

> CIVIL- DIREITO DE FAMÍLIA - ALIMENTOS - FILHO MAIOR - UNIVERSITÁRIO 1 A prestação de pensão alimentícia, em regra, é devida pelos pais aos seus filhos até que estes completem a maioridade civil, sem que ocorra, todavia, a extinção automática do dever alimentar. O encargo, no entanto, prolonga-se além do alcance da maioridade civil, sobretudo em razão da relação de parentesco, que faz persistir o dever de mútua assistência (CC, art. 1.696) em determinadas hipóteses. 2 **Dentre as possibilidades de continuidade do pagamento da pensão, doutrina e jurisprudência fixaram entendimento de que se tratando de filho maior, mas estudante, e comprovado que**

tem, por suas peculiaridades, como prover seu sustento por meios próprios, o encargo deve perdurar até os 24 anos; caso contrário, exercendo o alimentando trabalho remunerado e, principalmente, não evidenciada sua frequência a curso técnico ou superior, não há razões para manter os alimentos em seu favor. 3 **Comprovado pela filha, recém maior de idade, que está regularmente matriculada e frequentando as aulas de curso de ensino superior, está demonstrada a necessidade de continuar percebendo auxílio financeiro do genitor a título de alimentos.** (TJ-SC - AC: 03120884420178240038 Joinville 0312088-44.2017.8.24.0038, Relator: Luiz Cézar Medeiros, Data de Julgamento: 19/02/2019, Quinta Câmara de Direito Civil)

O caso ementado encontra paralelo quase que perfeito com o ora deduzido em juízo, sendo certo que, aqui como lá, deve ser reconhecida a necessidade autoral de receber e a possibilidade da Ré de prestar os alimentos pretendidos.

Sobre a necessidade do alimentando em situações como estas, é imperioso destacar que o STJ já fixou entendimento acerca da presunção da necessidade, como se infere de trecho de ementa abaixo destacado:

"Os alimentos decorrem da solidariedade que deve haver entre os membros da família ou parentes, visando garantir a subsistência do alimentando, observadas sua necessidade e a possibilidade do alimentante. Com efeito, durante a menoridade, quando os filhos estão sujeitos ao poder familiar - na verdade, conjunto de deveres dos pais, inclusive o de sustento - **há presunção de dependência dos filhos, que subsiste caso o alimentando, por ocasião da extinção do poder familiar, esteja frequentando regularmente curso superior ou técnico**, todavia passa a ter fundamento na relação de parentesco, nos moldes do artigo 1.694 e seguintes do Código Civil. Precedentes do STJ." (REsp 1312706/AL, Rel. Ministro LUIS FELIPE SALOMÃO, QUARTA TURMA, julgado em 21/02/2013, DJe 12/04/2013)

Ainda assim, mesmo diante desta presunção, é válido referir que o binômio "necessidade x possibilidade" foi totalmente demonstrado no item antecedente, valendo reiterar que a Autora não busca se locupletar às custas da Ré, mas tão somente se manter de forma confortável durante o período de seu curso universitário.

Neste sentido, inclusive, até mesmo para garantir que a Autora possa usufruir de forma plena do seu curso de Música, que demanda, muitas vezes, maiores investimentos em material didático e até mesmo em instrumentos musicais, entendemos como fundamental que seja aferida de forma bastante precisa a capacidade contributiva da Ré.

Assim, nos parece essencial reiterar requerimento no sentido de se enviar ofícios à Receita Federal para que traga as duas últimas declarações de imposto de renda da Ré, conforme autoriza o já citado art. 20 da Lei de Alimentos, para que Vossa Excelência possa ter elementos para fixação de uma pensão alimentícia justa.

Em situações similares, nossos Tribunais vem entendendo como *pensão alimentícia justa* em situações similares à desta lide, aquelas que garantam verba alimentar em torno de 20% (vinte por cento) dos rendimentos do alimentante, como demonstra o julgado abaixo, que mesmo deferindo um pleito de minoração de verba alimentar, o fez limitando-o a 20% (vinte por cento) dos rendimentos daquele alimentante:

> APELAÇÃO CÍVEL. EXONERAÇÃO DE ALIMENTOS. MAIORIDADE CIVIL DO FILHO ALIMENTADO. PROVA DE CURSO SUPERIOR. ALTERAÇÃO NAS POSSIBILIDADES DO ALIMENTANTE. ADVENTO DE NOVO FILHO. Considerando que o autor/apelado/alimentante aufere rendimento, de certo modo modesto, e teve um novo filho, mas também considerando que **a filha/apelante, apesar de maior de idade, segue estudando curso universitário; é razoável que os alimentos sejam reduzidos para 20% dos rendimentos do alimentante.** Caso em que a sentença de exoneração da obrigação alimentar vai reformada. DERAM PARCIAL PROVIMENTO. (TJ-RS - AC: 70073787459 RS, Relator: Rui Portanova, Data de Julgamento: 17/08/2017, Oitava Câmara Cível, Data de Publicação: Diário da Justiça do dia 22/08/2017)

Assim, urge a fixação de alimentos em valor equivalente a 20% (vinte por cento) dos rendimentos da Ré em favor da Autora, respeitado o valor total mínimo equivalente a 02 (dois) salários mínimos requeridos à título de alimentos provisórios, para a remota hipótese dos percentuais pretendidos serem inferiores a este montante.

4. DOS PEDIDOS

Ante todo o exposto, requer a parte autora:

(i) **Inicialmente**, o deferimento da gratuidade da justiça, nos termos do item 1.1 da presente exordial.

(ii) **Liminarmente**, sem audição da parte contrária:
   a. Arbitramento de **alimentos provisórios** a serem pagos pela Ré em seu favor no importe equivalente a 02 (dois) salários mínimos, mediante depósito na conta de sua titularidade, conforme item 1.2 da presente peça; e
   b. **Expedição de ofício à Receita Federal** para que traga aos autos as 02 (duas) últimas declarações de imposto de renda da Ré, conforme item 1.3 da presente inicial.

(iii) **A designação de audiência mediação e conciliação** prevista no art. 395 do CPC, com a citação da Ré para que compareça à assentada, sendo alertada que caso não compareça ou não haja transação, seu prazo para **contestar** a presente ação se iniciará na data da referida assentada, conforme art. 335, I do CPC, bem como que, para a hipótese de não apresentação da contestação no prazo legal, será decretada sua **revelia**, nos termos do art. 344 do CPC.

(iv) **No mérito**, conforme itens 2 e 3 da presente, sejam julgados procedentes os pedidos para condenar a Ré ao pagamento de **alimentos definitivos**:
   a. no importe equivalente a **20% (vinte por cento) de seus rendimentos**; ou
   b. **Alternativamente, equivalentes a 02 (dois) salários mínimos**, caso o total dos percentuais indicados na alínea anterior sejam inferiores a este montante.

(v) Ademais, a condenação do Réu ao pagamento de honorários de sucumbência, equivalentes a 20% (vinte por cento) do total da condenação, com fulcro no art. 85, §2º do CPC.

(vi) A **produção de provas** documental, inclusive em contraprova, depoimento pessoal das partes, e sob pena de confissão, testemunhal, cujo rol será juntado oportunamente.

Atribui-se à causa o valor de R$ 23.952,00 (vinte e três mil novecentos e cinquenta e dois reais), conforme art. 292, III do CPC.

Nestes termos, pede e espera deferimento.

Salvador/BA, DATA.

Nome Completo do Advogado
OAB

4.3 Ação de alimentos movida em face dos avós

Aqui trataremos de uma outra hipótese bastante comum (e que traz certa polêmica) em se tratando de ação de alimentos: a ação de alimentos *avoenga*, ou seja, em face dos avós.

Aqui, como no caso envolvendo os filhos maiores matriculados em curso técnico ou superior, há grande importância da jurisprudência, valendo adiantar, inclusive, que a matéria é objeto da Súmula 596 do STJ, segundo a qual *"obrigação alimentar dos avós tem natureza complementar e subsidiária, somente se configurando no caso de impossibilidade total ou parcial de seu cumprimento pelos pais"*.

Feita esta introdução, vamos ao caso.

> Você está no seu escritório e atenderá um cliente em potencial, o Sr. Lucas, pai do menor Gilson Neto, atualmente com 16 anos de idade, ambos residentes e domiciliados em Salvador.
>
> Ela relata que, em que pese ter ação de alimentos transitada em julgado em desfavor de sua ex-cônjuge, a Sra. Albertina, impondo-lhe obrigação de prestar alimentos ao menor, em importe equivalente a 20% de seus rendimentos, esta vem deixando de cumprir tal obrigação.
>
> Afirma que moveu ação de cumprimento de sentença de alimentos sem êxito, já que não vem conseguindo encontrar a sua ex-esposa, tendo que arcar com o sustento do menor sozinho.
>
> Ocorre que afirma estar enfrentando dificuldades para manter o sustento de seu filho, notadamente pelo grande aumento no valor da mensalidade escolar. Além disso, perdeu seu emprego como engenheiro e vem encontrando dificuldades para se recolocar, trabalhando atualmente como motorista de aplicativos até encontrar recolocação em sua área.
>
> O Sr. Lucas informa que o menor possui apenas avôs (as duas avós já faleceram), o paterno (Sr. Gilson), que é pensionista aposentado pelo INSS e o materno (Sr. Albert), juiz estadual aposentado.
>
> Assim é que, por não conseguir encontrar sua ex-cônjuge, mesmo com ação de cumprimento de sentença de alimentos em face dela, e ante as dificuldades que vem encontrando para manter um sustento digno para seu filho, o Sr. Lucas tem interesse em intentar ação de alimentos em face dos avós de seu filho.

a) Endereçamento e cabeçalho

As regras de endereçamento aqui são idênticas ao caso anterior, de modo que o foro competente é uma das Varas de Família da Comarca de Salvador/BA (aplicação do disposto no art. 53, II, CPC e nos arts. 73, I, "d" e 130, IV da LOJ).

As cautelas para qualificação das partes também são semelhantes, valendo destacar apenas que, aqui, como o autor tem 16 (dezesseis) anos, o que o torna relativamente incapaz, seu genitor será seu *assistente* legal.

Contudo, é importante abrir parêntesis sobre o polo passivo da ação de alimentos avoenga, já que é neste ponto que reside uma das grandes polemicas deste tipo de ação. Isto porque, em que pese não ser objeto de súmula, há um entendimento também consolidado no STJ que diz respeito a um **litisconsórcio passivo necessário entre todos os avós** neste tipo de ação de alimentos.

A questão é que, na prática, vejo este tipo de ação sendo usada como uma forma de pressionar o genitor que deixa de contribuir com sua obrigação alimentar a fazê-lo, com o ingresso de ação específica voltada contra seus pais, de modo que na maioria das vezes não são incluídos os avós ligados àquele alimentante que já arca com os ônus do sustento do alimentando.

Na minha prática profissional já vi muitos avós do alimentando escondendo o paradeiro do alimentante, dificultando sua citação, de modo que o ajuizamento de uma ação de alimentos avoenga geralmente se mostrava como uma forma bastante eficaz de fazer os alimentantes originários aparecerem e assumirem suas obrigações, desonerando seus pais.

Aqui, até para representar a melhor técnica, intentaremos nossa ação em face de ambos os avós, valendo antecipar que nas ações de alimentos avoengas também serão observadas as possibilidades de cada avô no momento de arbitramento da pensão alimentícia.

Assim, nossa lide terá como parte autora o menor púbere Gilson Neto, assistido por seu genitor, o Sr. Lucas, enquanto no polo passivo teremos como Réus os seus avôs, os Srs. Gilson e Albert.

b) Gratuidade da justiça e alimentos provisórios

Ante a clara ausência de condições da autora em arcar com as custas do processo, urge requerimento de gratuidade da justiça.

Além disso, ainda liminarmente, é imperioso o requerimento de deferimento de alimentos provisórios, calcado no exaustivamente citado art. 4º da Lei de Alimentos. Neste caso, a fim de embasar o requerimento de alimentos provisórios, é interessante trazer jurisprudência de caso similar, além de requerer o desconto dos alimentos em folha, na medida em que os Réus são aposentados.

Não vejo necessidade, neste caso, já que ambos recebem valores fixos, de fonte única, de requerer expedição de ofício à Receita Federal.

c) Fatos e fundamentos jurídicos do pedido

Considerando a natureza acessória da ação de alimentos avoenga, consagrada na Súmula 596 do STJ, é importante demonstrar que foram esgotadas as possibilidades de se obter a prestação alimentar do alimentante originário, no caso dos autos a mãe do menor.

Para tanto é importante fazer referência à existência do processo de cumprimento de sentença de alimentos (na prática, reputo fundamental juntar cópia integral do processo).

Além disso, é importante destacar as dificuldades de provimento das necessidades pelo outro alimentante originário, no caso o pai do menor e seu assistente legal, deixando clara a indispensabilidade da prestação alimentar acessória pelos demais ascendentes.

Como em toda ação de alimentos, é fundamental demonstrar as possibilidades dos alimentantes em desfavor de quem se move a ação.

Os fundamentos jurídicos estarão contidos nos já mencionados arts. 2º e demais da Lei de Alimentos, assim como no também já trabalhado art. 1.694 e seguintes do Código Civil, além Súmula 596 do STJ. Além destes fundamentos, no caso da ação de alimentos avoenga é fundamental trazer o art. 1.696 do Código Civil, segundo o qual *"o direito à prestação de alimentos é recíproco entre pais e filhos, e extensivo a todos os ascendentes, recaindo a obrigação nos mais próximos em grau, uns em falta de outros"*.

d) Pedidos e valor da causa

No caso desta ação há necessidade de participação do Ministério Público, na forma do art. 178, II do CPC, já que apresenta autor que é relativamente incapaz, de modo que serão formulados os pedidos de estilo.

Com relação ao valor da causa, há que se abrir parêntesis, já que não sabemos de forma exata a verba alimentar pretendida, já que o pleito será de percentual sobre rendimentos desconhecidos pelo nosso constituinte. Vejo duas soluções.

A primeira, considerar que os valores incidiriam sobre o salário mínimo. Esta solução pode ser considerada frágil, já que sabemos que o valor é bastante superior à este referencial.

A segunda seria considerar uma parte das necessidades do alimentando indicadas na exordial, algo entre 1/3 e 2/3 (um terço e dois terços) destas necessidades e calcular a anuidade imposta pelo art. 292, III do CPC a partir deste referencial. Por crer que este é um referencial mais exato, utilizarei esta hipótese, utilizando uma anuidade de 1/3 das necessidades apresentadas.

UMA DAS VARAS DE FAMÍLIA, SUCESSÕES, ÓRFÃOS E INTERDITOS DA COMARCA DE FEIRA DE SANTANA/BA

GILSON NETO, menor púbere, brasileiro, solteiro, estudante, inscrito no Cadastro de Pessoas Físicas sob o nº, portador do documento de identidade nº, gilneto@servidor assistido por seu genitor **LUCAS**, brasileiro, divorciado, engenheiro desempregado, inscrito no Cadastro de Pessoas Físicas sob o nº, portador do documento de identidade nº, lucas@servidor, ambos residentes e domiciliados no Endereço, Salvador, Bahia, CEP, vem, por seu advogado constituído mediante procuração em anexo, propor **AÇÃO DE ALIMENTOS** em face de **GILSON**, brasileiro, solteiro, aposentado, inscrito no Cadastro de Pessoas Físicas sob o nº, gilson@servidor, residente e domiciliado no Endereço, Salvador, Bahia, CEP e **ALBERT**, brasileiro, solteiro, aposentado, inscrito no Cadastro de Pessoas Físicas sob o nº, albert@servidor, residente e domiciliado no Endereço, Salvador, Bahia, CEP, pelos fatos e fundamentos a seguir:

1. PEDIDOS LIMINARES

1.1 DA GRATUIDADE DA JUSTIÇA

O Autor requer, nos termos dos arts. 1º da Lei 5.478/1968 (Lei de Alimentos) e 98 do Código de Processo Civil (CPC), o deferimento da gratuidade da justiça, visto que sua situação econômica não lhe permite pagar as custas do processo ou suportar o eventual ônus sucumbencial sem prejuízo do sustento próprio, como evidenciam os documentos em anexo.

Conforme demonstra a documentação inclusa, o assistente legal do menor autor encontra-se desempregado, atuando autonomamente como motorista de aplicativos, sendo que sua renda atual vem sendo insuficiente até para arcar com as despesas básicas para o sustento de ambos.

1.2 DOS ALIMENTOS PROVISÓRIOS

Com fundamento no art. 4º da Lei de Alimentos, a parte autora requer, de imediato, o deferimento de alimentos provisórios, a serem pagos pelos Réus.

Conforme denota-se da documentação acostada, o menor autor possui, além de uma ação de alimentos em face de sua genitora, a Sra. Albertina, uma ação de cumprimento de sentença de alimentos, em virtude do seu descumprimento, que já se estende por meses. Vale destacar, conforme cópia do processo em anexo, que o paradeiro da genitora do menor é desconhecido, sendo que foram inúmeras as tentativas inexitosas de intimação.

Diante desta situação, e das claras impossibilidades do genitor do menor Autor de arcar com todos os custos para sua manutenção sozinho, já que perdeu sem emprego como engenheiro há cerca de 06 (seis) meses, apresentando parca e variável renda a partir de seu trabalho recente como motorista de aplicativos, a teor da documentação inclusa.

Por seu turno, seus avós, parentes mais próximos em condições de auxiliar o sustento do menor autor, apresentam renda sólida, advinda de suas aposentadorias, valendo destacar, inclusive, que o Primeiro Réu é juiz aposentado.

É salutar destacar que nossos Tribunais já fixaram entendimento no sentido de reconhecer o dever subsidiário dos avós de prestar alimentos aos netos necessitados, conforme denota-se da Súmula 596 do STJ:

> Súmula 596 - A obrigação alimentar dos avós tem natureza complementar e subsidiária, somente se configurando no caso de impossibilidade total ou parcial de seu cumprimento pelos pais. (Súmula 596, SEGUNDA SEÇÃO, julgado em 08/11/2017, DJe 20/11/2017)

No caso em tela, além do paradeiro desconhecido da genitora do menor Autor e do claro inadimplemento reiterado da sua obrigação alimentar, resta evidente a impossibilidade do seu genitor em prover seu sustento, nos exatos termos da Súmula mencionada.

Sendo assim, a parte autora requer a fixação de alimentos provisórios, a serem pagos pelos Réus, no importe equivalente a 10% (dez por cento) de seus rendimentos, mediante desconto diretamente em folha, a serem depositados na conta corrente de titularidade do assistente legal do menor autor (DADOS BANCÁRIOS), requerendo seja dado força de ofício à decisão que deferir os alimentos provisórios, para que o Autor possa agilizar o cumprimento da medida.

2. DOS FATOS

Conforme extrai-se da documentação em anexo, o menor Autor é neto dos Réus, sendo certo que, apesar de beneficiário de pensão alimentícia que deveria ser paga por sua genitora, encontra-se sem receber os valores devidos há meses.

A cópia dos autos da ação de cumprimento de sentença de alimentos intentada demonstra que já foram realizadas várias intimações da genitora do menor, nos endereços conhecidos, todas inexitosas, de modo que esta encontra-se em local desconhecido.

Cumpre destacar que o genitor do menor chegou a empreender contatos com o Primeiro Réu, avô materno do menor Autor, que sempre afirmou desconhecer o paradeiro da filha. Sobre o Primeiro Réu, é importante destacar também que, quando introduzido às dificuldades do menor Autor e especialmente de seu genitor, sempre se mostrou indiferente, afirmando que não tinha obrigação nenhuma de ajudá-los.

O fato é que há cerca de 06 (seis) meses, com acirramento do cenário de crise do país, o genitor do menor Autor perdeu seu emprego como engenheiro, encontrando muitas dificuldades em encontrar nova colocação profissional em sua área.

Aliado a este fato, o presente ano letivo implicou num aumento de quase 100% (cem por cento) da mensalidade escolar do menor Autor, que começa sua preparação para o tão sonhado vestibular de medicina, totalizando R$2.500,00 (dois mil e quinhentos reais por mês), conforme boleto em anexo.

Além do aumento das despesas com sua educação, há que se destacar as outras despesas inerentes a todos, com saúde, alimentação, vestuário, moradia, que, a teor da planilha em anexo, mesmo sem nenhum luxo, giram na monta de pouco mais de R$1.000,00 (mil reais), trazendo o gasto mensal do menor para algo no importe de R$3.500,00 (três mil e quinhentos reais) por mês.

O genitor do menor Autor tentou ao máximo suprir todas as necessidades do filho praticamente sozinho, e durante bom tempo conseguiu, tanto que somente agora, meses após estar desempregado, e após ter utilizado todas as suas reservas, intenta a presente ação.

O Segundo Réu, avô paterno do menor Autor, vem auxiliando informalmente, acudindo com o pagamento de despesas que porventura não possam ser arcadas pelo genitor do jovem, mas, no caso deduzido em juízo, até para que haja uma melhor organização das finanças e do sustento deste último, é importante que haja a fixação de uma verba alimentar fixa.

A questão é que os Réus apresentam condições de apoiar o sustento do neto Autor, sendo certo, como se verá adiante, que não se busca aqui que estes arquem com todos ou com a maioria das despesas do jovem, mas que tão somente auxiliem a diminuir as suas dificuldades e necessidades, agravadas não só pelas momentâneas dificuldades financeiras de seu genitor, mas pelo abandono de sua genitora.

Sobre os avôs Réus é importante destacar que ambos se apresentam saudáveis, com vida confortável, a teor do que evidenciam suas redes sociais. Ademais, destaque-se que as avós do menor Autor já faleceram há bastante tempo, conforme denota-se das certidões de óbito inclusas.

Assim é que o Autor, com assistência de seu genitor, intenta a presente ação, justamente por não vislumbrar outra alternativa para ver suas necessidades básicas atendidas, ante a impossibilidade de provimento de seu sustento exclusivamente por seu genitor, o abandono de sua genitora e as possibilidades dos Avôs Réus de prestar este auxílio, associado ao seu dever subsidiário de prestar alimentos.

3. DO DIREITO

A presente ação encontra fundamento na Lei 5.478/1968 (Lei de Alimentos), valendo destacar o que dispõe o seu art. 2º, que traz os principais aspectos que compõe o objeto da presente lide:

> Art. 2º. O credor, pessoalmente, ou por intermédio de advogado, dirigir-se-á ao juiz competente, qualificando-se, e exporá suas necessidades, provando, apenas o parentesco ou a obrigação de alimentar do devedor, indicando seu nome e sobrenome, residência ou local de trabalho, profissão e naturalidade, quanto ganha aproximadamente ou os recursos de que dispõe.

Reforçando os preceitos contidos no referido dispositivo de lei, nosso Código Civil traz o art. 1.694, *caput* e §1º, que são ainda mais claros e de forma ainda mais clara o cerne da ação de alimentos:

> Art. 1.694. Podem os parentes, os cônjuges ou companheiros pedir uns aos outros os alimentos de que necessitem para viver de modo compatível com a sua condição social, inclusive para atender às necessidades de sua educação.
>
> § 1o Os alimentos devem ser fixados na proporção das necessidades do reclamante e dos recursos da pessoa obrigada

No caso dos autos, há ainda um dispositivo cuja citação faz-se mais do que necessária (art. 1.696 do Código Civil), já que, como referido, a presente ação é intentada por um neto em desfavor de seus avós:

> Art. 1.696. O direito à prestação de alimentos é recíproco entre pais e filhos, e **extensivo a todos os ascendentes**, recaindo a obrigação nos mais próximos em grau, uns em falta de outros.

Justamente por esta possibilidade de extensão do direito de haver alimentos de todos os ascendentes, além da possibilidade de se intentar a pretensão alimentar em função do dever familiar, é que se chegou à conclusão de que é possível impor aos avós a obrigação de prestar alimentos aos netos.

Contudo, como referido, este dever apresenta requisitos, sedimentados em nossos Tribunais e assentados na Súmula 596 do STJ, cuja nova citação se impõe:

> Súmula 596 - A obrigação alimentar dos avós tem **natureza complementar e subsidiária, somente se configurando no caso de impossibilidade total ou parcial de seu cumprimento pelos pais.** (Súmula 596, SEGUNDA SEÇÃO, julgado em 08/11/2017, DJe 20/11/2017)

Há dois pontos fundamentais na Súmula, a saber: (i) natureza complementar e subsidiária da obrigação alimentar; (ii) impossibilidade total ou parcial de cumprimento da obrigação alimentar pelos pais.

Ora, analisando o conteúdo fático da presente pretensão, notamos a existência dos dois requisitos impostos pelo STJ, na medida em que há uma obrigação alimentar imposta por sentença à genitora do menor Autor que não vem sendo cumprida, além de ter restado mais do que demonstrada a impossibilidade parcial do seu genitor de prover todas as necessidades do menor Autor, havendo perfeita subsunção entre o contexto fático trazido e o enunciado da Súmula.

Assim é que, ante o perfeito paralelo entre a hipótese sumulada e o ora deduzido em juízo, aqui como lá, deve ser reconhecido o direito autoral de receber e o dever dos Réus de prestar os alimentos pretendidos.

Além do dever dos Réus em prestar alimentos ao Autor no caso deduzido em juízo, o chamado binômio "necessidade x possibilidade" também resta amplamente demonstrado, valendo reiterar que o jovem Autor não busca se locupletar às custas dos Réus, mas tão somente se manter de forma digna, bastando quantificar o montante da contribuição de ambos.

Em situações similares nossos Tribunais vem entendendo como pensão alimentícia apta a manter a dignidade do alimentando aquelas que garantam verba alimentar em torno de 10% (dez por cento) dos rendimentos do alimentante, como demonstra o julgado abaixo, que mesmo deferindo um pleito de minoração de verba alimentar, o fez limitando-o a 10% (dez por cento) dos rendimentos daquele alimentante:

AGRAVO DE INSTRUMENTO. **ALIMENTOS PROVISÓRIOS AVOENGOS**. REDUÇÃO. CABIMENTO. É excessiva a fixação de alimentos provisórios em 20% sobre rendimentos, a serem pagos por avó que aufere pouco mais de 1 mil reais, e que comprovou ter diversas despesas com o próprio sustento. Hipótese na qual se mostra viável acolher o pedido de redução e **fixar a quantia no valor ofertado, de 10% sobre rendimentos**. DERAM PROVIMENTO. (TJ-RS - AI: 70079209763 RS, Relator: Rui Portanova, Data de Julgamento: 06/12/2018, Oitava Câmara Cível, Data de Publicação: Diário da Justiça do dia 10/12/2018)

Saliente-se que naquela hipótese os rendimentos daquele alimentante eram bem menores do que a dos ora Acionados, de modo que aquele percentual, por estar envolto num montante absoluto bem mais restrito, são bem mais representativos do que no caso em tela.

Assim, urge a fixação de alimentos em valor equivalente a 10% (dez por cento) dos rendimentos de cada um dos Réus em favor do menor Autor, mediante desconto em folha de suas respectivas aposentadora, com a transferência dos valores para conta de titularidade do assistente legal do menor Autor, requerendo, também, seja atribuída força de ofício à sentença, para agilizar seu cumprimento.

4. DOS PEDIDOS

Ante todo o exposto, requer a parte autora:

(i) **Inicialmente**, o deferimento da gratuidade da justiça, nos termos do item 1.1 da presente exordial.
(ii) **Liminarmente**, sem audição da parte contrária, arbitramento de **alimentos provisórios** a serem pagos pelos Réus em seu favor no importe equivalente a 10% (dez por cento) de seus rendimentos, com desconto em folha e transferência para conta de titularidade de seu assistente legal, conforme item 1.2 da presente peça.
(iii) **A designação de audiência mediação e conciliação** prevista no art. 395 do CPC, com a citação dos Réus para que compareçam à assentada, sendo alertado que caso não compareçam ou não haja transação, seus prazos para **contestar** a presente ação se iniciarão na data da referida assentada, conforme art. 335, I do CPC, bem como que, para a hipótese de não apresentação da contestação no prazo legal, será decretada suas **revelias**, nos termos do art. 344 do CPC.
(iv) **No mérito**, conforme itens 2 e 3 da presente, sejam julgados procedentes os pedidos para condenar os Réus ao pagamento de **alimentos definitivos** no importe equivalente a **10% (dez por cento) de seus rendimentos, com desconto em folha** e transferência para conta DADOSBANCÁRIOS de titularidade de seu assistente legal, condenando-os ao pagamento das custas processuais e honorários de sucumbência em importe equivalente a 20% (vinte por cento) sobre uma anuidade da prestação alimentar total aferida ao final da lide.
(v) Ademais, a condenação dos Réus ao pagamento de honorários de sucumbência, equivalentes a 20% (vinte por cento) do total da condenação, com fulcro no art. 85, §2º do CPC.
(vi) A **produção de provas** documental, inclusive em contraprova, depoimento pessoal das partes, e sob pena de confissão, testemunhal, cujo rol será juntado oportunamente.

Atribui-se à causa o valor de R$ 14.000,00 (catorze mil reais), conforme art. 292, III do CPC, considerando como verba alimentar total 1/3 das necessidades apresentadas.

Nestes termos, pede e espera deferimento.

Salvador/BA, DATA.

Nome Completo e OAB do Advogado

4.4 Ação de alimentos movida em face do ex-cônjuge

Hora de tratar de outra hipótese de ação de alimentos que traz alguma polêmica: a ação movida contra ex-cônjuge.

Numa época em que a sociedade se mostra mais equânime e na qual as mulheres se encontram estabelecidas no mercado de trabalho, houve alguns fenômenos com este *tipo* de ação de alimentos. Um primeiro, diz respeito à mitigação do caráter quase automático que implicava no deferimento de alimentos em favor de ex-cônjuges, geralmente viragos, quando da separação ou divórcio. Um segundo diz respeito à maior naturalidade no enfrentamento de eventuais ações envolvendo pedidos de alimentos por ex-cônjuges varões.

E o entendimento jurisprudencial sobre a pensão alimentícia prestada por ex-cônjuge veio acompanhando estas realidades, estes fenômenos, passando de uma quase regra (como curiosidade, eis o que o art. 26 da Lei 6.51/1977, que instituiu o divórcio no Brasil, disciplinava à época[24]), passando pela necessidade de demonstração do estado de dependência econômica durante o casamento[25], para uma faceta de excepcionalidade e transitoriedade, atualmente assim definida pelo STJ:

> AGRAVO INTERNO NO AGRAVO EM RECURSO ESPECIAL. EXONERAÇÃO DE ALIMENTOS. EX-CÔNJUGE. MANUTENÇÃO DA PENSÃO ALIMENTÍCIA. SÚMULA 7 DO STJ. RECURSO NÃO PROVIDO. **1. O STJ possui entendimento no sentido de que os alimentos devidos entre ex-cônjuges têm caráter excepcional e transitório, salvo quando presente a incapacidade laborativa ou a impossibilidade de inserção no mercado de trabalho.** (...) (STJ - AgInt no AREsp: 1315051 SP 2018/0153248-8, Relator: Ministro LUIS FELIPE SALOMÃO, Data de Julgamento: 13/11/2018, T4 - QUARTA TURMA, Data de Publicação: DJe 20/11/2018)

---

[24] Art. 26 - No caso de divórcio resultante da separação prevista nos §§ 1º e 2º do art. 5º, o cônjuge que teve a iniciativa da separação continuará com o dever de assistência ao outro.

[25] ... ainda que tenha o alimentante constituído nova família, permanece a obrigação alimentar do mesmo relativamente a sua ex-cônjuge consoante acordado por ocasião da dissolução do casamento, se não comprovado por ele a alteração das circunstancias coesas do estabelecimento da mesma, capazes de demonstrar que não subsiste mais a dependência econômica da credora de tais alimentos. (TJ-RJ - APL: 00140518519988190000 Rio de Janeiro Jacarepaguá Regional 1 Vara de Família, Relator: Nascimento Antonio Povoas Vaz, Data de Julgamento: 02/02/1999, Décima Oitava Câmara Cível, Data de Publicação: 23/02/1999)

Vejam que mesmo consagrando a regra da excepcionalidade e transitoriedade, o STJ excepciona duas hipóteses em que os alimentos devidos pelos ex-cônjuges serão perenes: quando houver incapacidade laborativa e impossibilidade de inserção no mercado de trabalho.
Com estas considerações em mente, vamos ao caso.

> Você está no seu escritório e atenderá um cliente em potencial, o Sr. Angel.
> Ela relata que se casou há pouco mais de 06 (seis) anos com a Sra. Lara, mas que já há cerca de 01 (um) ano seu relacionamento tornou-se insustentável, com repletas brigas e discussões.
> Como não tiveram filhos e durante quase toda a relação moraram na Espanha, para onde se mudaram logo após o casamento, quando sua agora ex-cônjuge, jogadora profissional de futebol, foi contratada por uma equipe espanhola, aproveitaram a transferência de Lara para um clube brasileiro e o retorno de ambos ao Brasil, mais especificamente para Salvador, onde o Sr. Angel atualmente reside, para realizar seu divórcio consensual, oportunidade em que dispensaram alimentos.
> O Sr. Juca relata que, naquela oportunidade, cria que conseguiria rápida inserção no mercado de trabalho, mesmo tendo aberto mão de sua carreira de advogado e de seus contatos no país para cuidar da carreira de seu então cônjuge quando deixaram o país.
> Ocorre que, segundo seu relato, desde o divórcio que vem enviando currículos e participando de entrevistas sem sucesso. Afirma que neste período todas as suas reservas se esvaíram, já que teve que se relocar totalmente no país.
> Assim é que, por não conseguir se manter nos últimos 06 (seis) meses, notadamente pelas dificuldades em voltar ao mercado de trabalho, quadro que atribui ao fato de ter aberto mão de toda sua vida para acompanhar sua ex-esposa quando se casaram e saíram do país, quer ajuizar ação de alimentos em face de sua ex-cônjuge.

a) Endereçamento e cabeçalho

As regras de endereçamento aqui são idênticas aos casos anteriores, de modo que o foro competente é uma das Varas de Família da Comarca de Salvador/BA (aplicação do disposto no art. 53, II, CPC e nos arts. 73, I, "d" e 130, IV da LOJ).
Como temos em ambos os polos partes maiores e capazes, não há grandes preocupações sobre as qualificações.

b) Gratuidade da justiça e alimentos provisórios

Ante a ausência de condições da parte autora em arcar com as custas do processo, urge requerimento de gratuidade da justiça. Neste caso, como se trata de maior, é importante trazer elementos de prova que evidenciem esta incapacidade.

Além disso, ainda liminarmente, é imperioso o requerimento de deferimento de alimentos provisórios, calcado no exaustivamente citado art. 4º da Lei de Alimentos. Neste caso, a fim de embasar o requerimento de alimentos provisórios, é interessante trazer jurisprudência de caso similar, ou seja, que envolva ex-cônjuges.

Não vejo necessidade, neste caso, já que a Ré recebe valores fixos, de fontes e valores conhecidos pelo Autor, de requerer expedição de ofício à Receita Federal.

c) Fatos e fundamentos jurídicos do pedido

O fundamento principal da ação é o entendimento jurisprudencial sedimentado no STJ e já mencionado, que mesmo consagrando a regra da excepcionalidade e transitoriedade, traz como hipóteses ensejadora do dever de prestar alimentos a impossibilidade de inserção no mercado de trabalho.

Como em toda ação de alimentos, é fundamental demonstrar as possibilidades dos alimentantes em desfavor de quem se move a ação. Mas nesta ação é imprescindível ter muito esmero ao descrever as necessidades do alimentando.

Um ponto fundamental a ser trabalhado é que não houve *renúncia* ao direito de haver alimentos, mas mera **dispensa**, trazendo enxertos jurisprudenciais que validem a pretensão alimentar.

Os fundamentos jurídicos estarão contidos nos já mencionados arts. 2º e demais da Lei de Alimentos, assim como no também já trabalhado art. 1.694 e seguintes do Código Civil.

d) Pedidos e valor da causa

No caso desta ação não há necessidade de participação do Ministério Público, bastando fazer os pedidos de estilo.

Com relação ao valor da causa, creio que as preocupações e procedimentos para sua fixação seja similar ao adotado no caso anterior, com uma diferença. Explico.

Neste caso, penso que o referencial para fixação do valor da causa nos termos do art. 292, III do CPC seja a anuidade a partir de uma verba mensal equivalente à 50% (cinquenta por cento) dos valores indicados como necessários.

UMA DAS VARAS DE FAMÍLIA, SUCESSÕES, ÓRFÃOS E INTERDITOS DA COMARCA DE FEIRA DE SANTANA/BA

ANGEL, brasileiro, divorciado, advogado desempregado, inscrito no Cadastro de Pessoas Físicas sob o nº, portador do documento de identidade nº, angel@servidor, residente e domiciliado no Endereço, Salvador, Bahia, CEP, vem, por seu advogado constituído mediante procuração em anexo, propor **AÇÃO DE ALIMENTOS** em face de **LARISSA**, brasileira, divorciada, jogadora de futebol profissional, inscrita no Cadastro de Pessoas Físicas sob o nº, lara@servidor, residente e domiciliada no Endereço, Salvador, Bahia, CEP, pelos fatos e fundamentos a seguir:

1. PEDIDOS LIMINARES

1.1 DA GRATUIDADE DA JUSTIÇA

O Autor requer, nos termos dos arts. 1º da Lei 5.478/1968 (Lei de Alimentos) e 98 do Código de Processo Civil (CPC), o deferimento da gratuidade da justiça, visto que sua situação econômica não lhe permite pagar as custas do processo ou suportar o eventual ônus sucumbencial sem prejuízo do sustento próprio, já que encontra-se desempregado há meses, como evidenciam os documentos em anexo.

1.2 DOS ALIMENTOS PROVISÓRIOS

Com fundamento no art. 4º da Lei de Alimentos, a parte autora requer, de imediato, o deferimento de alimentos provisórios, a serem pagos pela Ré.

Analisando a documentação em anexo, constatamos que a parte autora, apesar de advogado, encontra-se desempregado desde seu retorno ao Brasil, sendo certo que deixou o país para acompanhar sua então esposa e agora Ré, deixando de lado seu ofício para cuidar exclusivamente da carreira da Acionada.

Por conta desta dificuldade em encontrar um novo emprego e até por conta de ter dizimado suas reservas financeiras para se restabelecer no país, atualmente o Autor não vem conseguindo se manter, atrasando uma série de contas de consumo, ainda que viva uma vida sem luxos.

Por outro lado, a Ré, renomada jogadora de futebol, figura constante na seleção brasileira e estrela internacional que atualmente voltou a jogar em grande time brasileiro após anos atuando na liga espanhola, apresenta ampla condições de contribuir para o sustento do ex-marido e agora Autor, pelo menos até que este consiga se restabelecer no país que deixou para se dedicar exclusivamente à carreira da então cônjuge.

É salutar destacar que nossos Tribunais já fixaram entendimento no sentido de reconhecer o dever dos ex-cônjuges, ainda que em caráter transitório, de auxiliar no sustento do ex-cônjuge necessitado já no âmbito dos alimentos provisórios, conforme julgado exemplificativo abaixo:

> EMENTA: AGRAVO DE INTRUMENTO - ALIMENTOS PROVISÓRIOS -PENSIONAMENTO EM PROL DE EX-CÔNJUGE - FIXAÇÃO EM 15% (QUINZE POR CENTO) DOS RENDIMENTOS LÍQUIDOS DO AGRAVANTE - BINÔMIO NECESSIDADE/POSSIBILIDADE - ÔNUS DA PROVA REPOUSADO À ALIMENTANDA - NECESSIDADE E RELAÇÃO DE DEPENDENCIA DEMONSTRADAS - MANUTENÇÃO DA DECISÃO - RECURSO CONHECIDO E NÃO PROVIDO.
> 1. Nos termos do artigo 1.566, III, do Código Civil, o casamento impõe o dever de mútua assistência entre os cônjuges, do qual decorre a obrigação alimentar regulada pelo artigo 1.694, do mesmo Código.
> 2. Em se tratando de ex-cônjuges, o encargo alimentar é excepcional e apenas é devido na hipótese em que for demonstrada cabalmente a necessidade de um e a possibilidade de outro, pois se presume que, finda a relação, cada um possui condições de prover à sua própria subsistência.
> 3. Em havendo a comprovação de que os alimentos entre ex-cônjuges foram pleiteados para o suprimento das necessidades básicas daquele que se dedicou à vida familiar em detrimento da profissional, bem como em virtude da real dificuldade de se inserir no mercado de trabalho, a manutenção da decisão recorrida é medida que se impõe.
> 4. Recurso a que se nega provimento. (TJMG - Agravo de Instrumento-Cv 1.0000.17.007837-2/001, Relator(a): Des.(a) Corrêa Junior, 6ª CÂMARA CÍVEL, julgamento em 23/05/2017, publicação da súmula em 12/06/2017)

Sendo assim, a parte autora requer a fixação de alimentos provisórios, a serem pagos pela Ré, no importe equivalente a 15% (quinze por cento) de seus rendimentos, diretamente em folha, a serem transferidos para conta corrente de titularidade do Autor (DADOS BANCÁRIOS), **até a reinserção do Autor no mercado de trabalho como advogado**, requerendo, por fim, seja atribuída força de oficio à decisão para agilizar seu cumprimento.

2. DOS FATOS

De forma preambular, ao tratar dos alimentos provisórios, já restou evidente que as partes está divorciados há alguns meses, oportunidade em que dispensaram alimentos recíprocos, o que é corroborado pela documentação inclusa, notadamente a escritura de divórcio.

Naquela oportunidade o Autor cria que se restabeleceria rapidamente no mercado de trabalho, retomando sua carreira de advogado, que deixou de lado logo após se casar para se dedicar exclusivamente ao gerenciamento da carreira de jogadora de futebol da Ré, que à época do casamento acabara de fechar transferência para o futebol espanhol, como evidenciam os documentos em anexo.

Naquela oportunidade o Autor tratou de auxiliar a Ré com todos os trâmites de sua transferência, mudança e adaptação ao novo país. Ao deixar seu trabalho de quase uma década, o Autor passou a dedicar todo o seu tempo para cuidar dos assuntos da Ré.

Chegaram a ser sócios na pessoa jurídica através da qual a Ré recebia seus direitos de imagem e por intermédio da qual fechava seus contratos pessoais de patrocínio, sendo certo que no momento do divórcio restou ajustado que deixaria a sociedade a partir daquele momento, como também se denota de todo conjunto probatório em anexo.

Em suma, Excelência, podemos notar que o Autor era o suporte da Ré, tratando de todos os assuntos ligados à sua vida profissional, sendo certo que no momento do divórcio, até para ver cessar o convívio que se tornara insuportável no último ano, optou por abrir mão de tudo e tentar recomeçar sua vida do ponto que havia parado quando do casamento.

Contudo, o Autor não contava com as dificuldades que se encontraria para se restabelecer no seu país, sendo certo que já vem buscando incessantemente um emprego nos últimos 06 (seis) meses, sem sucesso.

Atualmente, após utilizar suas reservas para adquirir um novo apartamento, finalizar sua mudança e se manter nos últimos meses sem renda, encontra-se em sérias dificuldades, com algumas contas em atraso, como evidenciam as cartas de cobrança em anexo. Sua situação só não é pior porque, há algumas semanas vem trabalhando autonomamente como motorista de aplicativo.

De acordo com a planilha em anexo, o Autor possui gastos mensais básicos, compreendendo condomínio, plano de saúde, despesas com seu veículo (atualmente sua única fonte de renda) e alimentação na monta de aproximadamente R$4.000,00 (quatro mil reais).

A Ré, por seu turno, até por ocasião dos préstimos profissionais do Autor, continua no auge de sua carreira, tendo sido contratada para encabeçar o projeto de importante clube baiano no futebol feminino, em transferência fechada com fundamental atuação do Autor.

Ademais, como se denota das matérias em anexo, a Ré recebeu inúmeros prêmios internacionais, além de ser proeminente jogadora da seleção nacional, estrelando inúmeras campanhas de seus patrocinadores pessoais, como também evidencia a documentação ora acostada.

Ou seja, de um lado temos um Autor com dificuldades de se reinserir no mercado de trabalho que abandonou para cuidar dos interesses de seu ex-cônjuge que, por seu turno, mostra-se com pujante saúde financeira.

Destaque-se que, engolindo seu orgulho, há cerca de 01 (um) mês o Autor buscou a Ré para tentar fazer um ajuste temporário de alimentos, até que pudesse se reinserir no mercado de trabalho, recebendo como resposta apenas desprezo e preconceito, valendo destacar a mensagem enviada por WhattsApp pela Ré e referendada por ata notarial em anexo: "que marca de homem é vc, rapaiz!?!?! Querendo ser sustentado por mulé!? Kkkkkkkk... Tome tento!!" (sic).

Resta claro que a Ré despreza o Autor e toda sua contribuição para seu crescimento profissional, de modo que não resta outra alternativa ao Autor senão ajuizar a presente ação, pelos fundamentos a seguir.

3. DO DIREITO

A presente ação encontra fundamento na Lei 5.478/1968 (Lei de Alimentos), valendo destacar o que dispõe o seu art. 2º, que traz os principais aspectos que compõe o objeto da presente lide:

> Art. 2º. O credor, pessoalmente, ou por intermédio de advogado, dirigir-se-á ao juiz competente, qualificando-se, e exporá suas necessidades, provando, apenas o parentesco ou a obrigação de alimentar do devedor, indicando seu nome e sobrenome, residência ou local de trabalho, profissão e naturalidade, quanto ganha aproximadamente ou os recursos de que dispõe.

Reforçando os preceitos contidos no referido dispositivo de lei, nosso Código Civil traz o art. 1.694, *caput* e §1º, que são ainda mais claros e de forma ainda mais clara o cerne da ação de alimentos:

> Art. 1.694. Podem os parentes, os cônjuges ou companheiros pedir uns aos outros os alimentos de que necessitem para viver de modo compatível com a sua condição social, inclusive para atender às necessidades de sua educação.
> § 1o Os alimentos devem ser fixados na proporção das necessidades do reclamante e dos recursos da pessoa obrigada.

Das redações dos dispositivos acima transcritos, notamos que a legislação pátria prevê a ação de alimentos fundada no dever decorrente do matrimônio.

Ainda assim, é importante destacar que temos plena ciência acerca da forma que os nossos Tribunais enfrentam o tema, reconhecendo que este direito a haver alimentos dos ex-cônjuges não é absoluto e eterno, apresentando algumas cautelas para seu deferimento:

> AGRAVO INTERNO NO AGRAVO EM RECURSO ESPECIAL. EXONERAÇÃO DE ALIMENTOS. EX-CÔNJUGE. MANUTENÇÃO DA PENSÃO ALIMENTÍCIA. SÚMULA 7 DO STJ. RECURSO NÃO PROVIDO. **1. O STJ possui entendimento no sentido de que os alimentos devidos entre ex-cônjuges têm caráter excepcional e transitório, salvo quando presente a incapacidade laborativa ou a impossibilidade de inserção no mercado de trabalho.** (...) (STJ - AgInt no AREsp: 1315051 SP 2018/0153248-8, Relator: Ministro LUIS FELIPE SALOMÃO, Data de Julgamento: 13/11/2018, T4 - QUARTA TURMA, Data de Publicação: DJe 20/11/2018)

O caso ementado traz como requisitos para o deferimento de pensão alimentícia a sua transitoriedade, além da necessidade de se demonstrar sua incapacidade laborativa ou a impossibilidade do potencial alimentando de inserir no mercado de trabalho.

Todos os requisitos encontram-se presentes no caso deduzido em juízo, com a transitoriedade da pretensão alimentar já materializada na forma do requerimento de alimentos provisórios, que condicionou a manutenção da obrigação alimentar até o momento em que este se reinserir no mercado de trabalho.

Por seu turno, a impossibilidade de reinserção do Autor ao mercado de trabalho também se mostra evidente, assim como se mostram evidentes seus esforços para se reinserir, evidenciados pela contratação de headhunter e pelas diversas respostas negativas às suas tentativas de reinserção, tudo demonstrado pelos documentos acostados.

Tudo isto demonstra, além da subsunção perfeita à hipótese reconhecida pela jurisprudência para se pleitear verba alimentar em face de ex-cônjuge, a necessidade autoral de ver deferida a prestação alimentar em desfavor da Ré.

Por sua vez, como exaustivamente evidenciado até aqui, o segundo ponto do chamado binômio "necessidade x possibilidade", que diz respeito às possibilidades da Ré, também salta aos olhos, bastando apenas quantificar o valor a ser fixado a título de alimentos.

Em situações similares, nossos Tribunais vem entendendo como *pensão alimentícia justa* em situações similares à desta lide, aquelas que garantam verba alimentar definitiva em torno de 15% (quinze por cento) dos rendimentos do alimentante, como demonstra o julgado abaixo:

> APELAÇÃO CÍVEL. ALIMENTOS. EX-CÔNJUGE. A FIXAÇÃO DOS ALIMENTOS DEVE SEMPRE OBSERVAR AS NECESSIDADES DO ALIMENTADO, ASSIM COMO AS POSSIBILIDADES DO ALIMENTANTE, DAÍ POR QUE MANTIDOS EM 15% DOS RENDIMENTOS LÍQUIDOS DO ALIMENTANTE, CONSIDERADO AQUI TER ESTE DUAS FONTES DE RENDA. RECURSO DESPROVIDO.
> (TJ-RS - AC: 70081312647 RS, Relator: Liselena Schifino Robles Ribeiro, Data de Julgamento: 29/05/2019, Sétima Câmara Cível, Data de Publicação: Diário da Justiça do dia 03/06/2019)

Assim, urge a fixação de alimentos em valor equivalente a 15% (quinze por cento) dos rendimentos da Ré em favor do Autor, mediante desconto em folha de pagamento, com a transferência dos valores para conta de titularidade do Autor (DADOS BANCÁRIOS), conferindo à sentença força de ofício para garantir agilidade ao seu cumprimento.

4. DOS PEDIDOS

Ante todo o exposto, requer a parte autora:

(i) **Inicialmente**, o deferimento da gratuidade da justiça, nos termos do item 1.1 da presente exordial.

(ii) **Liminarmente**, sem audição da parte contrária, arbitramento de **alimentos provisórios** a serem pagos pela Ré em seu favor no importe equivalente a 15% (quinze por cento) de seus rendimentos, com desconto em folha e transferência para a conta DADOSBANCÁRIOS de sua titularidade, conforme item 1.2 da presente peça.

(iii) **A designação de audiência mediação e conciliação** prevista no art. 395 do CPC, com a citação da Ré para que compareça à assentada, sendo alertada que caso não compareça ou não haja transação, seu prazo para **contestar** a presente ação se iniciará na data da referida assentada, conforme art. 335, I do CPC, bem como que, para a hipótese de não apresentação da contestação no prazo legal, será decretada sua **revelia**, nos termos do art. 344 do CPC.

(iv) **No mérito**, conforme itens 2 e 3 da presente, sejam julgados procedentes os pedidos para condenar a Ré ao pagamento de **alimentos definitivos** no importe equivalente a 15% **(quinze por cento) de seus rendimentos, com desconto em folha** e transferência para conta DADOSBANCÁRIOS de titularidade do Autor, condenando-a, ainda, ao pagamento das custas processuais e honorários de sucumbência em importe equivalente a 20% (vinte por cento) sobre uma anuidade da prestação alimentar total aferida ao final da lide.

(v) Ademais, a condenação da Ré ao pagamento de honorários de sucumbência, equivalentes a 20% (vinte por cento) do total da condenação, com fulcro no art. 85, §2º do CPC.

(vi) A **produção de provas** documental, inclusive em contraprova depoimento pessoal das partes, e sob pena de confissão testemunhal, cujo rol será juntado oportunamente.

Atribui-se à causa o valor de R$ 24.000,00 (vinte e quatro mil reais), conforme art. 292, III do CPC, considerando como verba alimentar para cálculo da anuidade da prestação alimentar, 50% das necessidades mensais apresentadas..

Nestes termos, pede e espera deferimento.

Salvador/BA, DATA.

Nome Completo do Advogado
OAB

5 AÇÃO DE OFERTA DE ALIMENTOS

Vimos até aqui diversos casos de alimentos que se iniciam por iniciativa dos alimentandos, em decorrência de alguma desídia por parte daquele que reputa como obrigado a prestar a obrigação alimentar pretendida, seja este alimentante um dos genitores, ex-cônjuge ou os avós. Contudo, como passaremos a demonstrar, nem sempre precisa ser assim, já que há uma ação capaz de conferir ao alimentante a iniciativa de propor os alimentos: a ação de oferta de alimentos.

É uma ação bastante similar à ação de alimentos. Do ponto de vista estrutural, facilmente encaixável no esquema tradicional que estamos trabalhando ao longo de toda a obra, como restará bastante claro nos subitens subsequentes. Inclusive, a estrutura das ações é a mesma:

Endereçamento (art. 319, inciso I, CPC)

Cabeçalho, com indicação e qualificação completa de autor e réu, assim como da ação proposta. (art, 319, inciso II, CPC)

Gratuidade da justiça (arts. 98, CPC e 2º da Lei de Alimentos)

Alimentos provisórios (art. 4º da Lei de Alimentos)

Fatos (art. 319, inciso III, CPC)

Fundamentos jurídicos (art. 319, inciso III, CPC)

Pedidos (art. 319, inciso IV, CPC)

Indicação das provas a serem produzidas (art. 319, inciso VI, CPC)

Valor da Causa (art. 319, inciso V, CPC)

Questões como regras para fixação da competência, qualificação das partes, indicação da ação proposta, gratuidade da justiça, alimentos provisórios, pedidos e regras para fixação do valor da causa continuarão as mesmas que utilizamos ao tratar das ações de alimentos.

A lógica muda um pouco nos pontos destinados a demonstrar o contexto fático e os fundamentos jurídicos da ação, como explicaremos mais adiante. Além disso, há uma clara inversão nos polos da lide, já que na oferta de alimentos teremos o polo ativo preenchido pelos alimentantes e o polo passivo composto pelos alimentandos.

Mantendo a nossa forma de trabalho, desenvolveremos nossa petição inicial a partir de um caso prático. Aqui, trarei nosso primeiro caso prático com algumas modificações, desta feita considerando que o alimentante tomará a iniciativa de ofertar os alimentos. Eis nosso novo caso:

> Você está no seu escritório e atenderá um cliente em potencial, o Sr. Igor, que relata ter dois filhos, Raimundo e Eleilton, com 02 (dois) e 04 (quatro) anos, nascidos da relação com a Sra. Monalisa.
>
> Segundo o relato de seu então potencial cliente, após a dissolução da sua união com sua antiga companheira, restou ajustado verbalmente que os menores residiriam com a mãe, em Feira de Santana/BA, e que o Sr. Igor, contribuiria com o valor equivalente a 02 (dois) salários mínimos e com os planos de saúde dos menores, já que o pequeno Eleilton, por exemplo, apresenta saúde frágil, sofrendo de asma.
>
> Ocorre que, em que pese estar cumprindo religiosamente este ajuste verbal, o Sr. Igor, desde sempre, sofre com uma série de reivindicações extras de parte da Sra. Monalisa, que a todo o tempo pede dinheiro, sem qualquer tipo de justificativa plausível para tanto. Afirma que estas exigências lhe causam estranheza, já que afirma que a Sra. Monalisa é conhecida dançarina, com vasta agenda de shows, conforme documentação apresentada.
>
> Vale destacar, conforme documentação apresentada pelo Sr. Igor, que este comumente compra os mais diversos itens para as crianças, como roupas, medicamentos e brinquedos, o que não é suficiente para fazer cessar as constantes exigências *extraordinárias* da Sra. Monalisa.
>
> Além disso, como pai presente que afirma ser, o Sr. Igor mostra que, além dos fins de semana alternados que as crianças estão com ele em Salvador/BA, onde reside, sempre que pode e sua agenda de músico permite, está em Feira em companhia dos filhos, quando também arca com as despesas eventualmente decorrentes desta convivência.
>
> Assim é que, com o intuito de evitar estas cobranças constantes e até para organizar suas finanças, tem interesse em intentar ação de oferta de alimentos, fixando a obrigação no patamar ajustado.

5.1 Endereçamento e cabeçalho

Como mencionado, as regras de endereçamento aqui são idênticas aos casos anteriores, de modo que o foro competente é uma das Varas de Família da Comarca de Salvador/BA (aplicação do disposto no art. 53, II, CPC e nos arts. 73, I, "d" e 130, IV da LOJ).

A grande diferença com relação à ação de alimentos tradicional está nos polos. Aqui há uma inversão, com o alimentante compondo o polo ativo e os alimentandos o passivo, devidamente representados (ou assistidos, caso tenham 16 anos ou mais) por um de seus genitores.

5.2 Gratuidade da justiça e alimentos provisórios

Ante a ausência de condições da parte autora em arcar com as custas do processo, urge requerimento de gratuidade da justiça. Neste caso, como se trata de maior, é importante trazer elementos de prova que evidenciem esta incapacidade.

Além disso, ainda liminarmente, é imperioso o requerimento de deferimento de alimentos provisórios, calcado no exaustivamente citado art. 4º da Lei de Alimentos. Neste caso, a fim de embasar o requerimento de alimentos provisórios no importe proposto, é interessante demonstrar bem as possibilidades do alimentante.

5.3 Fatos e fundamentos jurídicos do pedido

A ação decorre da possibilidade aberta pelo art. 24 da Lei de Alimentos, ainda que esteja atrelada ao tão trabalhado binômio "necessidade x possibilidade", consagrado no art. 1.694, §1º do Código Civil.

Assim, como nas ações de alimentos, é fundamental demonstrar as possibilidades do alimentante que propõe a ação, além de evidenciar bem as necessidades dos alimentandos.

Além dos fundamentos apresentados, é importante trazer enxertos jurisprudenciais que demonstrem a viabilidade do valor ofertado.

5.4 Pedidos e valor da causa

Como há interesse de menor, é necessária a intimação do Ministério Público, conforme art. 178, II, do CPC. Com relação ao valor da causa, deve-se seguir o disposto no art. 292, III do CPC, ou seja, uma anuidade dos alimentos propostos.

Contudo, até pela natureza da ação, que é a de oferecer alimentos aos filhos menores, creio que não seja interessante requerer a condenação da parte contrária ao pagamento de honorários sucumbenciais..

5.5 Modelo

UMA DAS VARAS DE FAMÍLIA, SUCESSÕES, ÓRFÃOS E INTERDITOS DA COMARCA DE FEIRA DE SANTANA/BA

IGOR, brasileiro, solteiro, músico, inscrito no Cadastro de Pessoas Físicas sob o n°, portador do documento de identidade n°, igor@servidor, residente e domiciliado no Endereço, Salvador, Bahia, CEP, vem, por seu advogado constituído mediante procuração em anexo, propor **AÇÃO DE OFERTA DE ALIMENTOS** em face de **RAIMUNDO e ELEILTON**, brasileiros, menores impúberes, **representados por sua genitora MONALISA**, brasileira, solteira, dançarina, inscrita no Cadastro de Pessoas Físicas sob o n°, monalisa@servidor, todos residentes e domiciliados no Endereço, Feira de Santana/BA, CEP, pelos fatos e fundamentos a seguir:

1. PEDIDOS LIMINARES

1.1 DA GRATUIDADE DA JUSTIÇA

Em que pese a atividade remunerada do Autor, a documentação inclusa evidencia que seus ganhos variam em torno de R$5.000,00 (cinco mil reais), dos quais destina mais da metade para o sustento de seus filhos menores.

Assim, o autor requer, nos termos dos arts. 1° da Lei 5.478/1968 (Lei de Alimentos) e 98 do Código de Processo Civil (CPC), o deferimento da gratuidade da justiça, visto que sua situação econômica não lhe permite pagar as custas do processo ou suportar o eventual ônus sucumbencial sem prejuízo do sustento próprio e de seus filhos.

1.2 DOS ALIMENTOS PROVISÓRIOS

Com fundamento nos arts. 4° e 24 da Lei de Alimentos, o Autor requer, de imediato, a fixação de verba a título de alimentos provisórios aos seus filhos menores, ora Réus.

Para tanto traz documentação (cópia de carteira de trabalho, contracheques e última declaração de imposto de renda) evidenciando de forma clara e inequívoca seus ganhos mensais, que giram em importe equivalente a R$5.000,00 (cinco mil reais).

Os inúmeros comprovantes de depósito e de pagamento dos planos de saúde dos Réus ora juntados, demonstram que o Autor já vem arcando com o valor equivalente a 02 (dois) salários mínimos mensais, além de R$750,00 (setecentos e cinquenta reais) referentes aos mencionados planos de saúde, conforme ajuste verbal firmado com a representante legal e genitora dos menores.

Destaque-se que tal montante equivale a mais da metade de seus ganhos, o que evidencia a preocupação do Autor com seus filhos menores, ora Réus.

Sendo assim, o Autor requer a fixação de alimentos provisórios a serem pagos em favor dos Réus, no importe equivalente a 02 (dois) salários mínimos, a serem depositados na conta corrente de titularidade de sua representante legal (DADOS BANCÁRIOS), além da obrigação de realizar o pagamento das mensalidades de seus planos de saúde nas datas dos respectivos vencimentos.

2. DOS FATOS

Conforme antecipado preambularmente, o Autor é pai dos menores Réus, conforme demonstram as certidões de nascimento em anexo.

O fato é que, logo após o término do relacionamento mantido entre o Autor e a representante legal dos Réus, há cerca de 06 (seis) meses, ambos convencionariam que o primeiro arcaria com os planos de saúde dos menores e contribuiria com valor equivalente a 02 (dois) salários mínimos mensais para as demais despesas, o que sempre fez.

Entretanto, há cerca de 03 (três) meses, a genitora dos Réus, de forma reiterada e, muitas vezes truculenta, vem "cobrando" valores adicionais, sem apresentar qualquer justificativa plausível, como evidenciam as telas de diálogos travados via WhattsApp, devidamente acompanhados de ata notarial.

É salutar referir que o Autor não se nega a realizar o pagamento de despesas extraordinárias justificáveis, já que regularmente assume despesas com vestuários, medicamentos e até brinquedos para os menores, sem realizar qualquer abatimento do depósito mensal convencionado, como bem evidenciam os documentos acostados.

A questão é que, mesmo agindo com todo este cuidado, isto não vem sendo suficiente para aplacar os reiterados pedidos por mais dinheiro pela genitora dos menores.

Vale destacar que o caráter injustificado destes pedidos é ainda mais evidente quando notamos que a representante legal dos menores apresenta uma profícua carreira de dançarina, como evidenciam suas inúmeras postagens em redes sociais, incensando sua atribulada agenda profissional.

Mais: as mesmas postagens evidenciam uma intensa agenda social, repleta de festas e bebidas, o que, talvez, justifique os reiterados pleitos por auxílio financeiro extra.

Entretanto, o Autor não pode ser submetido às trocas de humor e à eventual má gestão dos recursos destinados aos seus filhos menores, sendo certo, como o conjunto probatório demonstra, que já contribui com mais da metade de seus recursos para o sustento dos alimentandos.

Ademais, urge destacar que os valores despendidos de forma fixa, independente das despesas que assume por amor aos seus filhos, são mais do que suficientes para seu sustento, valendo trazer planilha de despesas das crianças, lastreada pela documentação inclusa:

DESPESA	VALOR
2/3 MORADIA	R$850,00
2/3 LUZ e ÁGUA	R$200,00
ALIMENTAÇÃO	R$800,00
VESTUÁRIO	R$250,00
MEDICAÇÃO	R$350,00
PLANOS DE SAÚDE	R$750,00
LAZER	R$400,00
CRECHE	R$400,00
TOTAL DOS GASTOS	**R$4.000,00**

Assim, por não sentir mais segurança na forma que a situação se apresenta e ante a manutenção desta conduta da representante legal dos menores, é que busca o Poder Judiciário para fixar de forma clara e objetiva os limites de sua obrigação alimentar, pelos fundamentos que passa a expor.

3. DO DIREITO

A ação de oferta de alimentos encontra origem no art. 24 da Lei de Alimentos:

> Art. 24. A parte responsável pelo sustento da família, e que deixar a residência comum por motivo, que não necessitará declarar, poderá tomar a iniciativa de comunicar ao juízo os rendimentos de que dispõe e de pedir a citação do credor, para comparecer à audiência de conciliação e julgamento destinada à fixação dos alimento a que está obrigado.

Ainda que o texto legal não encerre de forma perfeita o caso deduzido em juízo, vem sendo utilizado como fundamento para a oferta de alimentos pelo alimentante, o que o Autor busca com a presente ação.

Mesmo nas ofertas de deve-se verificar o binômio "necessidade x possibilidade" consagrado no art. 1.694, §1º do Código Civil:

> Art. 1.694. (...) § 1o Os alimentos devem ser fixados na proporção das necessidades do reclamante e dos recursos da pessoa obrigada.

Nossos Tribunais já vem decidindo desta forma, conforme demonstra o recente julgado abaixo:

> CIVIL. FAMÍLIA. **OFERTA. ALIMENTOS. BINÔMIO NECESSIDADE-POSSIBILIDADE.** VALOR. ARBITRADO. RAZOABILIDADE. 1. **A fixação dos alimentos deve ser orientada pelo caput e § 1º do artigo 1.694 do Código Civil, que preconiza a comprovação da necessidade de quem a recebe, a situação financeira de quem paga, a fim de que seja garantida a sua compatibilidade com a condição social das partes.** 2. Constatado que o valor arbitrado a título de alimentos se mostra razoável e proporcional em relação às necessidades do alimentando e à capacidade do alimentante, tem-se por inviabilizada a pretensão recursal de modificação do quantum fixado. 3. Recurso do réu conhecido e desprovido 4. Recurso adesivo do autor conhecido e desprovido. (TJ-DF 20160111027236 - Segredo de Justiça 0014332-93.2016.8.07.0016, Relator: MARIA DE LOURDES ABREU, Data de Julgamento: 08/05/2019, 3ª TURMA CÍVEL, Data de Publicação: Publicado no DJE : 17/05/2019 . Pág.: 8367/8370)

Sobre as necessidades dos alimentandos, estas restaram minuciosamente demonstradas no item antecedente, assim como as possibilidades do Autor alimentante, que também logrou demonstrar de forma inequívoca que os valores ofertados, além de respeitar este binômio, além de mais do que suficientes para suprir todas as necessidades do menor, ainda correspondem a mais da metade de seus ganhos mensais.

Em situações similares, nosso Tribunal vem decidindo no sentido de garantir à cada alimentando valor em torno de 20% (vinte por cento) dos rendimentos do alimentante, como demonstra o julgado abaixo:

> APELAÇÃO CIVIL. **OFERTA DE ALIMENTOS**. ALIMENTADO COM NECESSIDADES PRESUMIDAS. SENTENÇA PARCIALMENTE REFORMADA. A obrigação alimentar deve ser estabelecida em observância ao binômio alimentar necessidade-possibilidade. O valor dos alimentos deve ser suficiente a suprir as necessidades do alimentado, e possível de ser alcançado pelo alimentante. **No caso, o percentual da obrigação alimentar para caso de vínculo empregatício do alimentante foi bem estipulado 20% dos rendimentos líquidos estando de acordo com a orientação desta Câmara**. Para a hipótese de desemprego ou trabalho informal, as peculiaridades do caso autorizam majorar o encargo a 65% do salário mínimo. DERAM PARCIAL PROVIMENTO AO APELO. (Apelação Cível N° 70078516895, Oitava Câmara Cível, Tribunal de Justiça do RS, Relator: Rui Portanova, Julgado em 22/11/2018).

Assim, entendemos que o valor ofertado supre as necessidades dos menores, de modo que, a fim de consolidar a situação fática já existente, que corresponde ao binômio "necessidade x possibilidade", requer a fixação de alimentos em valor equivalente a 02 (dois) salários mínimos, além da obrigação de realizar o pagamento dos planos de saúde dos menores.

4. DOS PEDIDOS

Ante todo o exposto, requerem os autores:

(i) **Inicialmente**, o deferimento da gratuidade da justiça, nos termos do item 1.1 da presente exordial.

(i) **Liminarmente**, sem audição da parte contrária, arbitramento de **alimentos provisórios** a serem pagos pelo Réu em favor dos menores Autores no importe equivalente a 02 (dois) salários mínimos, mediante depósito na conta DADOSBANCÁRIOS de titularidade da representante legal e genitora dos menores, além da imposição de pagamento dos planos de saúde dos menores pelo Réu, conforme item 1.2 da presente peça:

(ii) **A designação de audiência mediação e conciliação** prevista no art. 395 do CPC, com a citação dos Réus, na pessoa de sua representante legal, para que esta compareça à audiência, sendo alertado que caso não compareça ou não haja transação, seu prazo para **contestar** a presente ação se iniciará na data da referida assentada, conforme art. 335, I do CPC, bem como que, para a hipótese de não apresentação da contestação no prazo legal, será decretada sua **revelia**, nos termos do art. 344 do CPC.

(iii) A **intimação do Ministério Público** para que intervenha no feito, a teor do art. 178 do CPC.

(iv) **No mérito**, conforme itens 2 e 3 da presente, sejam julgados procedentes os pedidos para deferir os alimentos ofertados pelo Autor aos Réus no importe equivalente a 02 (dois) salários mínimos, mais o dever de pagar as mensalidades dos planos de saúde dos menores.

(v) A **produção de provas** documental, inclusive em contraprova, depoimento pessoal das partes, e sob pena de confissão, testemunhal, cujo rol será juntado oportunamente.

Atribui-se à causa o valor de R$32.952,00 (trinta e dois mil novecentos e cinquenta e dois reais), conforme art. 292, III do CPC.

Nestes termos, pede e espera deferimento.

Feira de Santana, DATA.

Nome Completo do Advogado
OAB

SOBRE O AUTOR

Advogado. Esta palavra serve para definir o autor, que desde os primeiros momentos após a formatura no curso de Direito da Universidade Católica do Salvador, no segundo semestre de 2006, sempre advogou. Num primeiro momento, em escritório próprio, com outros três colegas, para depois passar por uma série de bancas de médio e grande porte na Capital baiana. Após ganhar novas experiências, voltou a atuar em firma própria, a Patrocinio & Pereira Sociedade de Advogados, com o colega e amigo Fabrício Pereira. Em paralelo, desde 2013, é advogado do Núcleo de Práticas Jurídicas do Centro Universitário UniRuy Wyden, onde pode identificar alguns dos anseios e algumas das dificuldades dos acadêmicos de Direito quanto se deparavam com o ato de peticionar. Especializou-se em Docência pela UNIFACS, além de LL.M. em Direito Corporativo pelo IBMEC.

www.ingramcontent.com/pod-product-compliance
Lightning Source LLC
Chambersburg PA
CBHW070426220526
45466CB00004B/1560